Historia de los Nativos Americanos

Una Fascinante Guía de la Extensa Historia de los Nativos Americanos que Incluye Relatos de la Masacre de Wounded Knee, las Tribus Nativas Americanas, Hiawatha y Más

© Copyright 2020

Todos los Derechos Reservados. Está prohibida la reproducción total o parcial de este libro sin la autorización por escrito del autor. Los críticos pueden citar pasajes breves en sus revisiones.

Aviso Legal: Está prohibida la reproducción total o parcial de este libro en cualquier forma y cualquier medio, mecánico o electrónico, incluyendo fotocopiado o grabaciones, o mediante cualquier otro dispositivo de almacenamiento y recuperación de información, o por correo electrónico sin la autorización por escrito del editor.

Si bien se han realizado todos los intentos para verificar la información proporcionada en esta publicación, el autor y el editor se deslindan de toda responsabilidad por errores, omisiones o interpretaciones contrarias del tema.

Este libro es sólo para fines de entretenimiento. Las opiniones expresadas pertenecen al autor y no deben tomarse como instrucciones u órdenes de expertos. El lector es responsable de sus propias acciones.

El cumplimiento de todas las leyes y regulaciones aplicables, incluidas las leyes internacionales, federales, estatales y locales que rigen las licencias profesionales, las prácticas comerciales, la publicidad y todos los demás aspectos de hacer negocios en los Estados Unidos, Canadá, el Reino Unido o cualquier otra jurisdicción, es responsabilidad exclusiva del comprador o lector.

El autor y el editor se deslindan de toda responsabilidad u obligación alguna en nombre del comprador o lector de este material. Cualquier percepción individual u organización es puramente involuntaria.

Tabla de Contenido

INTRODUCCIÓN 1

CAPÍTULO 1 – TEORÍAS DE LA LLEGADA DE LOS PRIMEROS NATIVOS AMERICANOS 5

    La Antigua Creencia del Viaje a través del Estrecho de Bering 6

    El Llamado de los Nativos Americanos a Reconsiderar sus Orígenes 8

    Siguiendo la Evidencia en lugar de una Historia Preconcebida 11

CAPÍTULO 2 – LA COMPRENSIÓN ACTUAL DE TRIBUS SIMILARES Y RIVALES BASADAS POR REGIÓN 14

    Una Gran Cantidad de Términos para Definirse A Sí Mismos 16

    Definiendo a los Pueblos por su Idioma 16

    Una Relación Más Cercana con la Naturaleza 18

CAPÍTULO 3 – TRIBUS Y NACIONES ÁRTICAS Y SUBÁRTICAS 19

    Un Extenso Tramo de Tierras Inhóspitas 19

    El Ártico – Un Mundo de Hielo y Belleza 20

    El Subártico – Impresionantes Señales de Vida y Comodidad 22

CAPÍTULO 4 – PUEBLOS DEL NORESTE Y SUDESTE 24

    Pueblos del Noreste – Asentados y Cultos 25

        Más Allá de la Supervivencia 26

        Los Verdaderos Primeros Europeos 27

    Los Pueblos del Sudeste – Organizados y Civilizados 28

Una Celebración Anual *29*

Cuando sus Tierras Vastas y Fértiles Fueron Utilizadas en su Contra *29*

CAPÍTULO 5 - PUEBLOS DE LAS LLANURAS Y LAS MESETAS 32

Las Grandes Llanuras - Donde los Búfalos y los Humanos Vivían en Armonía 33

Las Tribus *34*

El Principal Recurso Natural *34*

La Meseta - Un Pueblo Tranquilo a lo largo de Numerosos Ríos 35

La Llegada de los Caballos *36*

Experto en Armas *36*

CAPÍTULO 6 - LA GRAN CUENCA Y LAS REGIONES DEL SUDOESTE.38

La Gran Cuenca - Un Terreno Áspero con Población Progresiva 38

Un Estilo de Vida Más Abierto *39*

El Comienzo de la Danza de los Espíritus *40*

El Suroeste - Dos Formas de Vida 41

Aldeanos y Agricultores *41*

Nómadas y Guerreros *42*

CAPÍTULO 7 - CALIFORNIA Y LA COSTA NOROESTE 43

California - Un Verdadero Paraíso ante la Avaricia 43

La Invasión Española *44*

Tortura Adicional por los Americanos *45*

La Costa Noroeste - Abundante, Pacífica y Civilizada 46

El Potlatch *47*

La Importancia de los Tótems *48*

CAPÍTULO 8 - HIAWATHA, DEGANAWIDA, Y LA FUNDACIÓN PARA LAS DEMOCRACIAS DE HOY 49

Donde Comienza el Mito 50

Uniendo a las Tribus 51

Honrando las Ideas y la Paz Aportadas a través de Esfuerzos Extraordinarios 52

Cómo la Paz de la Confederación Iroquesa Influyó en las Democracias Actuales 53

CHAPTER 9 - ROANOKE - EL ASENTAMIENTO PERDIDO 54
El Primer Intento 54
Intentando Otra Vez 56
Teorías Abundantes 57
Enfrentando la Verdad Probable - con Pruebas 59
CAPÍTULO 10 - POCAHONTAS - LÍDER, NO PRINCESA 62
Una Advertencia Rápida 62
Una Historia Original 63
Lo que se Conoce 68
CAPÍTULO 11 - EL VERDADERO ACCIÓN DE GRACIAS - EL MITO VERSUS LA REALIDAD 70
El Surgimiento del Mítico "Primer Día de Acción de Gracias" 71
Lo Que Realmente Sucedió 72
CAPÍTULO 12 - LA PARTICIPACIÓN DE LOS NATIVOS AMERICANOS EN LA GUERRA POR LA INDEPENDENCIA 75
Dos Estilos de Lucha Completamente Diferentes 75
El Fin de una Guerra 76
...Y el Comienzo de Otra 79
CAPÍTULO 13 - SACAGAWEA - LA MUJER DETRÁS DE LA LEYENDA . 85
La Precoz Vida de una Leyenda Americana 85
Una Nueva Madre e Intérprete Invaluable 86
Desapareciendo en la Historia 89
CAPÍTULO 14 - LAS GUERRAS SEMÍNOLAS 91
Los Españoles Pierden Nuevamente Florida 92
El Esfuerzo de Reasentamiento 93
La Realidad de las Guerras Semínolas 96
CAPÍTULO 15 - TORO SENTADO - LUCHANDO A PESAR DE TODAS LAS ADVERSIDADES 98
Vida Precoz 99
Un Cambio Al Liderazgo 99
La Leyenda, Sus Acciones y la Ayuda De Crazy Horse 100
Escape a Canadá, Un Regreso, y Sus Últimos Años 102

CAPÍTULO 16 – WOUNDED KNEE – UNA VERDADERA TRAGEDIA AMERICANA 104
El Auge de la Danza de los Espíritus 105
Los Hechos en Wounded Knee 106
Renombrando la Batalla Basado en los Hechos 108

CAPÍTULO 17 – GERÓNIMO 111
Un Comienzo Pacífico Se Convierte en una Pesadilla 111
Levantamiento de un oponente formidable 113
Un Nuevo Enemigo 115
Una Leyenda Y Una Curiosidad 116

CAPÍTULO 18 – EL FAMOSO WILL ROGERS 118
Nacido en Privilegiado Territorio Nativo Americano 119
Encontrando un Propósito Fuera de la Norma 119
Una Promesa Fallida y una Mejor Vocación 120
Un Legado Duradero 123

CAPÍTULO 19 – EL CÓDIGO INQUEBRANTABLE DE QUIENES CONOCEN EL CÓDIGO 124
Unirse a la Guerra 125
La Búsqueda de un Código Inquebrantable 126
Diferentes Niveles de Codificación 128

CONCLUSIÓN 131
BIBLIOGRAFÍA 135

Introducción

Intentar detallar la historia de la población de todo un continente es realmente una tarea imposible. Si bien la gente habla de los nativos americanos, existen muchas tribus en ambos continentes, y quienes conocen la historia de los pueblos de América Central y del Sur son conscientes de que muchos de esos pueblos nativos tenían imperios. Esto fue distinto a las tribus de América del Norte.

Existen algunos pueblos nativos a los que no les molesta (e incluso prefieren) ser llamados indios porque se han acostumbrado a ello a lo largo de los años. Al mismo tiempo, solo pueden asentir con la cabeza cómo, incluso hoy, muchos americanos y el mundo en general todavía se niegan a corregirse cuando algo está claro e inequívocamente mal. Otros están de acuerdo con ser llamados nativos americanos porque está más cerca de ser exactos; pero algunos lo consideran insultante debido a las experiencias que la gente ha tenido con los americanos y prefieren no asociarse con la nación. Muchos preferirían ser conocidos por las tribus, naciones y grupos con los que se identifican o pertenecen. Así como las personas hacen una distinción entre los franceses, los ingleses y los alemanes, es lógico abordar a cada uno de los grupos nativos por sus identidades en lugar de agruparlos como un grupo.

Similar a hablar de europeos, cuando se habla de la población de un continente entero, probablemente sería mejor pensar en ellos como norteamericanos. Sin embargo, este término no se usa comúnmente y actualmente también se refiere a las personas que emigraron (voluntariamente o no) al continente. Por la causa de este libro, los pueblos serán discutidos como nativos americanos para distinguirlos de otros grupos. Poseen una historia increíblemente extensa y vasta que se ha perdido en gran medida por las prácticas violentas y las enfermedades mortales de europeos y americanos.

América del Norte es un continente mucho más extenso que Europa y su número de grupos nativos fue mucho más diverso que ninguno en el continente europeo. Hubo algunas regiones, como las regiones del sudeste y noroeste, donde los pueblos nativos se unieron en grandes grupos y tenían jerarquías muy estructuradas. Otros lugares, particularmente el Subártico, las Grandes Llanuras y la Gran Cuenca, estaban poblados por personas que eran nómadas, que vivían de lo que podían encontrar y convivían en paz con un orden menos estructurado y más natural. Las muchas regiones con diferentes climas, terrenos y vida silvestre ayudaron a formar las diferentes tradiciones y estilos de vida de las personas que residían en estas áreas.

Las tribus y las naciones abarcaban diversas áreas, con idiomas que tenían puntos en común y varios dialectos que eran más complejos que los idiomas de Europa debido a la gran cantidad de ellos. Algunas tribus y naciones no se toleraban y otras preferían la paz. Era un continente excepcionalmente equilibrado donde las personas tenían una relación cercana con la naturaleza que no tenía comparación en prácticamente ningún otro lugar del mundo. En todo el continente de América del Norte, independientemente del medio ambiente, la gente había alcanzado una armonía con su entorno, comiendo solo lo que era necesario y dejando poco desperdicio. Su reverencia por su entorno reflejaba su gratitud y una comprensión cercana del mundo en el que vivían.

Su reverencia por la naturaleza a menudo se confunde con el culto a la naturaleza. Esto se debe a que los europeos se alejaron cada vez más de la naturaleza, se agruparon en ciudades densamente pobladas y se volvieron en gran medida ignorantes de cómo prosperar o incluso sobrevivir en la naturaleza. La atracción poco natural de un gran número de personas en las ciudades ya había causado diversas plagas importantes que casi aniquilaron a la población en Europa. Como resultado, las personas que sobrevivieron en Europa fueron mucho más resistentes a las enfermedades que fueron mortales para las personas más protegidas y saludables. Cuando los europeos decidieron que necesitaban encontrar riqueza, libertad religiosa o cualquier otra cosa que los atrajera a Norteamérica, sus enfermedades resultaron prácticamente fatales para los pueblos nativos. Esto jugaría un papel importante en sus relaciones con el tiempo y, en última instancia, lo usaron como otra arma contra los nativos. Está documentado que los europeos y, más tarde, los americanos intercambiarían mantas y productos contaminados por enfermedades con los nativos americanos para eliminarlos, facilitando sus ataques y redadas contra los pueblos nativos.

De la inusual relación entre los nativos (que estaban desconcertados por lo mal preparados que estaban los europeos en términos de supervivencia en la tierra) y los europeos (que creían que eran superiores ya sea por su dios o su "tecnología avanzada"), algunos nativos americanos valientes nacieron o se convirtieron en el centro de atención. Hoy, personas como Sacagawea, Pocahontas y Sitting Bull son tan conocidas como Washington, Jefferson y Lincoln. Hubo eventos que ocurrieron en el continente que dañaron permanentemente cualquier relación, y muchas de las personas en Europa fueron increíblemente críticas con el trato que los americanos les brindaron a los nativos americanos. Incluso ha habido algunos intentos moderados dentro de Estados Unidos y Canadá para reconocer las desgracias que provocaron los gobiernos, pero ninguno de los dos países está dispuesto a tomar acciones para corregir los errores.

Al final, las personas nativas de América del Norte no se definen por las acciones salvajes de los americanos, españoles y canadienses que robaron sus tierras, sino por sus propias acciones. Han tenido líderes que trataron de guiarlos a hacer lo correcto y líderes que murieron tratando de dar un buen ejemplo. Incluso hoy en día, los pueblos nativos continúan tratando de encontrar un camino a seguir, aun cuando muchos de ellos enfrentan pobreza y negligencia, lo cual es contrario a los acuerdos que los llevaron a residir en reservas. Algunos han encontrado un camino a seguir y han comenzado a prosperar y restablecer a sus pueblos en naciones que ya no recurren a los mismos métodos clandestinos utilizados contra ellos. A medida que los Cherokee usaron los sistemas judiciales para presionar su caso hace más de un siglo, los nativos americanos de hoy han aprendido que no solo pueden usar los tribunales de los Estados Unidos, sino que también pueden rechazar las injusticias y tienen más probabilidades de ser escuchados.

Capítulo 1 – Teorías de la Llegada de los Primeros Nativos Americanos

Es imposible saber exactamente cómo llegaron los primeros pobladores de América. Durante años, se creyó una sola teoría porque parecía ser la explicación más lógica. Sin embargo, a medida que pasó el tiempo y la ciencia se volvió más exigente y confiable, la idea original comenzó a cuestionarse porque existían muchas cuestiones con la teoría. Del mismo modo que es difícil saber exactamente qué rutas tomaron esas primeras civilizaciones humanas en África Oriental hacia el resto de África, Europa y Asia, los historiadores todavía están tratando de explicar exactamente cómo las personas llegaron tan lejos de la cuna de la humanidad a dos continentes separados por dos vastos océanos.

Este capítulo examina la teoría original de cómo las personas llegaron por primera vez a dos continentes aparentemente remotos y las teorías que se han estado desarrollando desde el cambio de siglo.

La Antigua Creencia del Viaje a través del Estrecho de Bering

Frecuentemente llamada Teoría del Estrecho de Bering o Teoría de Beringia, tiene sus raíces en una teoría postulada en el siglo XVI. Comenzando con un misionero español llamado Fray José de Acosta, la idea se sugirió por primera vez en 1590. En ese momento, hubo muchos debates sobre cómo llegaron originalmente los pueblos nativos de América, encontrados por los conquistadores españoles y portugueses. Rechazando las ideas originales presentadas por otros, De Acosta mantuvo la idea familiar de caminar a través de la tierra, claramente incrédulo de que nadie antes de Colón hubiera podido llegar de otra manera. Por supuesto, el océano Pacífico y la extensión total de toda América del Sur y del Norte eran aún desconocidos. Sin embargo, la mayoría sabía que Asia estaba al otro lado del Pacífico. Para De Acosta, esto sugirió que un puente terrestre había estado disponible en algún momento. Para él, parecía obvio que los cazadores asiáticos eran los más propensos a cruzar cualquier puente terrestre. Como ninguno de los filósofos y exploradores europeos de la época sabía que las regiones del norte estaban cubiertas de hielo, pensaron que era posible que la tierra conectara Asia con los nuevos continentes.

El siglo XVIII fue testigo de un cambio significativo en la teoría original a medida que Rusia avanzaba más hacia el este. Bajo Pedro el Grande, el zar de 1682 a 1725, los exploradores atravesaron la fría tundra para trazar el mapa del Imperio ruso en su totalidad. Un hombre llamado Vitus Bering, un explorador danés, fue el encargado de dirigir la expedición en el área ahora conocida como la región del Estrecho de Bering. Hasta su viaje, esta parte del mapa generalmente se mostró como tierra que conectaba con las Américas. La influencia europea en América del Norte y del Sur tenía varios cientos de años por el reinado de Pedro el Grande, e incluso sus mapas mostraban el pensamiento del día. Y eso era exactamente por qué necesitaba saber qué parte de la teoría era cierta. A medida que aumentaba su imperio, podría existir una forma potencial para que ese imperio continuara expandiéndose hacia el este en América del Norte. Esto habría creado una presencia rusa que estaba en gran parte ausente del continente norteamericano en ese momento.

Bering realizó dos viajes para determinar el mapa de la región. El primer viaje se realizó en 1724, el último año completo del reinado de Pedro el Grande. Volvería a viajar por la región en 1741, casi dos décadas después de la muerte del zar. Lo que descubrió Bering ya era bien conocido por los Chukchi que vivían en la parte oriental de Rusia: había agua entre el continente asiático y América del Norte. No solo eso, sino que había personas que vivían al otro lado que comerciaban con los Chukchi durante miles de años. Esto pareció desacreditar la teoría de Acosta de que la gente había cruzado la tierra. Si bien Bering pudo ayudar a proporcionar un mapa más preciso de la tierra y el agua de la región, esto reinició el debate en términos más realistas sobre cómo se había poblado América del Norte y del Sur.

Más adelante en el siglo, el explorador inglés el Capitán James Cook verificó lo que Bering había encontrado: la existencia de la tierra ahora llamada Alaska. Durante 1778, logró mapear gran parte de la tierra, demostrando que no había una masa de tierra real para conectar los dos continentes.

A principios del siglo XIX, muchas personas (principalmente científicos y naturalistas) viajaban al área para tratar de descubrir cómo llegó a poblarse la región. Sus hallazgos indicaron que la gente había llegado a América del Norte como lo había sugerido De Acosta. Sin embargo, estos no eran arqueólogos, ya que esa disciplina particular no se desarrolló completamente hasta principios del siglo XX. Aun así, la mayoría de las personas de ascendencia europea intentaron forzar sus hallazgos para que coincidieran con lo que habían creído de una forma u otra desde finales del siglo XVI. Eventualmente se postuló que las personas viajaron a través de capas de hielo entre 15.000 y 12.600 años atrás. Posteriormente la gente viajó por la costa de Canadá y comenzó a extenderse en los climas más cálidos de América del Norte y del Sur.

Muchas veces, tendrían que pasar por alto la evidencia y la lógica para mantener intacta la Teoría del Estrecho de Bering, pero lograron ignorar ambas hasta el final del siglo XX, cuando los nativos americanos comenzaron a expresar su desacuerdo.

A principios del siglo XXI, los arqueólogos comenzaban a escuchar a los pueblos nativos, indagando en la teoría y asegurando que nunca sería más que una teoría. Durante la primera parte del siglo XXI, se centró la atención en las historias de aquellos pueblos nativos que habían estado en los continentes miles de años antes que los exploradores europeos, que fueron falsificados como descubridores de la tierra. Una vez que las personas comenzaron a estar más abiertas a las historias contadas por los pueblos nativos, pudieron comenzar a desarrollar teorías más probables sobre cómo llegó a poblarse el continente.

El Llamado de los Nativos Americanos a Reconsiderar sus Orígenes

Existen muchos nativos americanos que llaman a la antigua teoría del Estrecho de Bering el Mito del Estrecho de Bering. Los intelectuales han pasado años estudiando y desacreditando esta teoría que no tiene nada que ver con las leyendas, creencias e historia de los nativos americanos, y solo analiza la llegada de personas a las Américas basadas en la ciencia y las teorías de los descendientes europeos. Señalan que la teoría también hace la afirmación de que se dice que muchos animales y plantas hicieron el mismo viaje a través de climas imposibles para llegar a ambos continentes.

Uno de los principales problemas con el Mito del Estrecho de Bering es que descuenta por completo toda la historia real de las personas que vivieron en las tierras mucho antes de que los europeos supieran que existían los continentes. Se consideraba que los pueblos nativos eran salvajes y carecían de educación, por lo que sus historias fueron ignoradas en gran medida y sus historias fueron descartadas. Esto es relativamente irónico, ya que los europeos y las personas de ascendencia europea todavía creían en la teoría de la creación, de la que había incluso menos evidencia que el mito del estrecho de Bering. Si bien es cierto que muchos nativos americanos tenían mitos sobre el comienzo del mundo, los mitos no eran menos creíbles que el mito cristiano de la creación.

Incluso más problemático que ignorar las historias fue la inclinación europea a ignorar los hechos. Por ejemplo, hoy se sabe dentro de la Nación Mohawk que han estado contando inviernos en América del Norte durante más de 33,000 años. Al considerar el Estrecho de Bering como el origen de las personas que poblaron los continentes, los científicos, los naturalistas y los arqueólogos posteriores intentaron forzar una narrativa que ignoraba los hallazgos más antiguos en dos continentes enteros. Observaron lo que se conocía como resultado de la Teoría del Estrecho de Bering en lugar de tratar de descubrir la verdad sobre la base de lo que se sabía según las historias reales contadas por los primeros habitantes.

En lugar de ignorar las historias reales de las personas, los europeos y sus descendientes podrían haber examinado los plazos presentados por muchas naciones para tener una idea mucho más precisa de la historia de América del Norte y del Sur. Al ignorarlo, literalmente hemos perdido cientos de años en comprender cómo llegó y prosperó la gente. Como muchos nativos fueron asesinados durante los primeros siglos de la conquista europea y la construcción del imperio, es mucho menos probable que se conozca la verdad. Demasiadas de las historias de los nativos han sido destruidas, y tratar de seguir la ciencia aún imperfecta de hoy no es probable que proporcione la idea de que las historias de los pueblos nativos habrían proporcionado varios cientos de años atrás.

Como se señaló anteriormente, muchos europeos trataron de forzar esta historia por razones principalmente políticas. Al creer que las personas que ya estaban presentes eran ocupantes recientes, los europeos sintieron que tenían tanto derecho a la tierra como las personas que encontraron. Pudieron seguir creyendo en el Destino Manifiesto porque parecía no como si estuvieran robando y más como si simplemente estuvieran tomando lo que los demás habían tomado antes que ellos. Después de todo, teniendo en cuenta que todavía usaban el nombre inapropiado de "indios", ayudó a justificar el robo al creer también que eran recién llegados de tierras comparables a la India u otros lugares de Asia. Otra forma de pensarlo era que los pueblos nativos habían llegado de Siberia u otras naciones europeas, y estaban muy acostumbrados a atacar a otros europeos. Esto parecía ser más una extensión de esas batallas: de todos modos, también estaban luchando con otras naciones europeas en la tierra. Robar la tierra a los pueblos nativos no parecía estar más equivocada que robarla a los europeos que llegaron recientemente.

Esto no solo es trágico, sino que también reduce las probabilidades de encontrar la verdad. La ciencia solo puede probarlo, y cualquier evidencia de hace 30.000 años será prácticamente imposible de encontrar. Considere los dos puntos de referencia más notables de la antigüedad: las pirámides egipcias y la Gran Muralla China. Las pirámides tienen menos de 5.000 años. La Gran Muralla China tiene apenas 2.300 años. Dado que las Américas ya estaban pobladas cuando ambas estructuras se crearon, incluso según el calendario del Mito del Estrecho de Bering, la humanidad ya estaba establecida cuando llegó Leif Erikson; se estableció aún más unos 400 años después cuando llegó Cristóbal Colón. Existe muy poca evidencia que podamos encontrar en Europa desde la época en que se construyeron las pirámides egipcias; Es igualmente improbable encontrar algo en América del Norte o del Sur que demuestre la existencia de personas de hace 30.000 años. Las historias de las personas que vivieron en los continentes americanos serían la mejor fuente, ya que en realidad tenían una comprensión de sus propias culturas, civilizaciones y cuánto tiempo habían ocupado la tierra. Si alguien ignorara toda la historia europea que data de hace varios miles de años, sería prácticamente imposible tener una idea completa de los patrones migratorios de los nórdicos y romanos, y mucho menos el de las tribus y clanes más reducidos. En resumen, realmente no puede descartar sus historias, y es exactamente por eso que es necesario escuchar a los nativos americanos restantes para obtener un mejor punto de partida para comprender cómo llegaron y poblaron las tierras.

Siguiendo la Evidencia en lugar de una Historia Preconcebida

Con tantos pueblos nativos sacrificados u obligados a abandonar sus tierras para morir en regiones donde nunca antes habían estado, se ha perdido gran parte de la historia de los pueblos de América del Norte y del Sur. Aunque no era inusual que los descendientes de europeos ignoraran a los nativos, es extraño que tendieran a ignorar la experiencia de los geólogos. Los pueblos nativos no solo no estuvieron de acuerdo con la teoría del Estrecho de Bering, sino que los geólogos también han expresado con frecuencia cómo las capas de hielo de Alaska, Canadá y el noroeste del Pacífico habrían hecho imposible que los humanos sobrevivieran. Según los estudios realizados a principios del siglo XXI, muchos científicos y arqueólogos ahora están dispuestos a reconocer que la teoría del estrecho de Bering simplemente no era posible. Existe evidencia de que las personas estuvieron presentes en los continentes hace más de 15.000 años. No habría sido posible que los cazadores cruzaran el hielo porque en ese momento el Estrecho de Bering no estaba congelado. Cuando el estrecho de Bering se congeló, hace menos de 13.000 años, el área era demasiado peligrosa para que los humanos pudieran sobrevivir. El frío habría sido demasiado para sostener la vida humana. En última instancia, la teoría que se originó con De Acosta se hizo cada vez menos aceptada dentro de la comunidad científica porque era obvio que los humanos no se trasladaban a pie: no había tierra y no habrían sobrevivido en el hielo en ese momento.

Con la teoría antigua aparentemente desacreditada debido a la falta de evidencia o respaldo científico, el debate comenzó nuevamente sobre cómo exactamente la gente había llegado a los continentes.

Echando un vistazo a la evidencia, los científicos y los arqueólogos han pasado más tiempo mirando los hechos en lugar de tratar de forzar una historia. Durante la última década aproximadamente, esa evidencia ha incluido dos hallazgos muy interesantes. El primer hallazgo intrigante fue la evidencia de la caza de mamuts en Florida que parece haber ocurrido hace unos 14.500 años. Aún más antiguo es la evidencia de una civilización, o quizás más exactamente un asentamiento, ubicado en todo el sur de Chile, América del Sur. Esto es mucho antes de lo que hubiera sido posible si el puente de hielo hubiera sido el método para la llegada de los habitantes porque el agua no se congeló durante ese período de tiempo.

Actualmente, los científicos están analizando la teoría de que las personas viajaron de manera más similar a los europeos, como Leif Erikson. La evidencia sugiere que los pueblos nativos llegaron a las costas al sur y comenzaron a moverse hacia el interior, justo como lo hicieron los europeos miles de años después. Esto será complicado de investigar, ya que las costas se han erosionado y cambiado significativamente durante miles de años, y hubo y existen volcanes activos y actividad sísmica a lo largo de la costa occidental. Es probable que gran parte de la evidencia se haya perdido por completo en los océanos desde que los pueblos nativos llegaron por primera vez y comenzaron a prosperar en los continentes.

Es con ironía que los científicos verifican constantemente las historias de los pueblos originales. Todavía existen algunas personas que están tratando de forzar la narrativa del Estrecho de Bering para que funcione, y simplemente la aplican años antes. Otros comienzan a notar la alineación de los calendarios de los pueblos antiguos con lo que continuamente encuentran en las ruinas y restos. Dado que existen artefactos que son mucho más antiguos en las regiones bajas, es mucho más probable que los primeros pobladores llegaran a múltiples regiones desde diferentes lugares a ambos lados del océano.

Actualmente, existen tres posibles teorías sobre cómo llegaron los pobladores originales. Con base en el hallazgo de restos humanos, denominado Kennewick Man, en el estado de Washington, se argumenta que los pueblos de esa región pueden haber venido de Japón. Su cuerpo es similar al pueblo japonés Ainu, y debido a que Japón es una isla, la gente habría podido construir barcos duraderos para cruzar el océano Pacífico. En las partes orientales de los Estados Unidos, se encontraron herramientas que son similares a las herramientas utilizadas por Solutrean, un grupo europeo. Es posible que la gente haya viajado desde Europa hace miles de años y se haya quedado. Quizás la respuesta más obvia es la correcta: las personas que abandonaron Europa y Asia podrían haber poblado ambos continentes, cruzar los océanos y establecerse en la nueva tierra. Esto todavía está sucediendo actualmente, y fue algo que los europeos hicieron cientos de años atrás; Parece extraño creer que esta migración es nueva. Quizás la gente ha venido a las Américas para escapar de la persecución y los problemas por las mismas rutas durante decenas de miles de años. Será increíblemente difícil encontrar la verdad, si no del todo imposible. Sin embargo, la naturaleza humana no ha cambiado mucho en 30.000 años. La respuesta puede ser que personas de varios continentes hicieron la caminata a través del océano con la esperanza de una vida mejor, y eso no ha cambiado sin importar cuánto tiempo pase.

Capítulo 2 – La Comprensión Actual de Tribus Similares y Rivales Basadas por Región

Si bien es complicado saber cómo los nativos americanos comenzaron a poblar las Américas, es mucho más fácil entender las sociedades que existían cuando llegaron los europeos y comenzaron a extenderse por los continentes. Muchas tribus e imperios se basaban en las regiones donde vivían. En América del Sur y Central, las tribus tendían a agruparse en un área para crear imperios que eran relativamente similares a los establecidos en Europa. Norteamérica tendía a estar poblada por personas que preferían un estilo de vida más nómada.

Las tribus de América del Norte son todas únicas, así como los pueblos de las diferentes naciones y provincias de Europa son únicos. También como Europa, es sencillo clasificar las tribus y los pueblos según el lugar donde vivieron. La tierra dictaba mucho sobre la vida de quienes la ocupaban, y la forma en que interactuaban con la tierra tendía a ser una característica común que muchas tribus tenían entre sí en función de su ubicación.

Hoy en día, las tribus se estudian generalmente en función de sus regiones, ya que el lugar donde vivían las tribus habría ayudado a moldear sus creencias y su vida cotidiana. Se utilizan diez regiones para definir los tipos de personas nativas que residían en ellas:

- Ártico
- Subártico
- Noreste
- Sureste
- Llanuras
- Suroeste
- Gran cuenca
- Costa Noroeste
- Meseta
- California

Estas diferentes regiones se examinan detenidamente en los siguientes capítulos. Este capítulo analiza a los nativos americanos en América del Norte, independientemente de su ubicación. Considere que estas son designaciones asignadas por personas de ascendencia europea y deben tomarse como tales. Estas podrían considerarse con precisión ideas increíblemente simplificadas sobre quiénes eran los nativos sobre la base del complejo de superioridad de los europeos y su propensión a despreciar a las personas que obviamente no eran descendientes de europeos. Es más parecido a un niño tratando de comprender los conceptos de los adultos sin consultar a ninguno para obtener una comprensión precisa. Aun así, con tantos pueblos completamente aniquilados o con vidas significativamente afectadas por los cambios que han sufrido en los últimos cientos de años, es al menos un punto de partida para proporcionar una manera de clasificar a los habitantes originales de una manera que ayude a fomentar un mayor interés en las personas que alguna vez prosperaron en América del Norte.

Una Gran Cantidad de Términos para Definirse A Sí Mismos

Debido a la incapacidad de Colón para distinguir entre India y un continente completamente diferente, el indio ha sido tan frecuente el término inapropiado al referirse a los nativos de América del Norte que a menudo es sorprendente imaginar a alguien de ascendencia india cuando se usa el término.

Naturalmente, los nativos americanos siempre han tenido sus propios términos para identificar quiénes son. Algunos de ellos estaban en tribus, pero muchos otros términos tenían términos más comparables dentro del idioma europeo que la palabra tribu. Algunos eran grupos nómadas que vivían de la tierra, reubicándose cuando cambiaban las estaciones. Otros se describen con mayor precisión como naciones, con estructuras sociales y economías consolidadas.

Algunos nativos hablaban varios idiomas, al igual que los pueblos de Europa, y se comunicaban con sus vecinos. Algunos pueblos nativos americanos tenían estructuras sociales complejas con múltiples líderes y un líder principal. Eran mucho más complejos que la representación unidimensional que se les ha asociado durante siglos. Así como había una gran cantidad de formas de describir a los pueblos de los diferentes países de Europa, los nativos americanos eran tan variados y misteriosos con sus propios términos para definir quiénes eran y sus complejas relaciones entre ellos. Este libro servirá para definir a los diferentes pueblos por los términos e identificaciones que tenían para sí mismos. El término tribu se usará cuando no esté claro cómo se definió un grupo colectivo.

Definiendo a los Pueblos por su Idioma

Los capítulos en las siguientes secciones describen los diferentes pueblos según las regiones donde vivieron originalmente; sin embargo, algunos se describen por los idiomas que hablaban. Para las naciones nativas americanas más extensas, el idioma era el denominador común, más aún que la ubicación. Cuatro naciones particulares tienden a definirse por los idiomas que se hablan porque el idioma prevaleció en múltiples regiones.

Las personas que hablaban algonquino incluían más de 100 tribus diferentes. Este idioma particular se extendió por casi toda la nación, incluidas algunas de las tribus nativas americanas más conocidas, como los Blackfeet, Mohicanos y Cheyenne. El idioma común también era conocido por personas fuera de estas tribus debido a lo extenso que era.

El grupo más reducido de personas de las cuatro lenguas definitorias es el Apache. Dado lo conocido que es el nombre del grupo en la actualidad, tienen un lugar en la historia que es mejor conocido que muchas de las tribus más pequeñas que tenían un idioma que se usaba con menos frecuencia. Aunque solo seis tribus hablaban apache, desempeñaron un papel importante en el desarrollo de las culturas donde vivían.

La Liga Iroquesa también era reducida, y todos los hablantes nativos estaban ubicados en la parte noreste de lo que ahora es Estados Unidos y las partes bajas de Canadá. También incluyó solo seis naciones (Cayuga, Mohawk, Oneida, Onondaga, Seneca y Tuscarora, que se unieron más tarde en la alianza). La razón por la que la Liga Iroquesa todavía es conocida hoy en día es porque se encontraban entre los primeros pueblos nativos en establecer relaciones a largo plazo con los europeos.

El último grupo mejor conocido por su idioma que su ubicación fueron los miembros de la Nación Sioux. Al igual que la Liga Iroquesa, la Nación Sioux estaba ubicada en un solo lugar, aunque eran las Grandes Llanuras en lugar del noreste de los Estados Unidos. La Nación Sioux incluye tres grupos principales: Dakota del Este, Lakota y Dakota del Oeste.

Los cuatro idiomas se discutirán a fondo en los siguientes capítulos, ya que los cuatro idiomas jugaron un papel importante en las culturas donde eran comunes.

Una Relación Más Cercana con la Naturaleza

Un aspecto que la mayoría de los nativos americanos tenían en común, independientemente de su ubicación en América del Norte o del Sur, era el respeto y la reverencia por la naturaleza. Tenían una relación cercana con la tierra en la que vivían, y se expresó adecuadamente con el dicho: "Somos la tierra". No se veían a sí mismos separados de la tierra, ni se sentían obligados a domesticar la tierra como era el proceso de muchos europeos.

Al no comprender completamente la relación entre los nativos americanos y la tierra, muchos europeos a menudo la malinterpretaron como parte de su religión. Sin embargo, existe un concepto similar en el cristianismo, que se resume mejor con el dicho "Cenizas a cenizas, polvo a polvo". Mientras que los europeos se veían a sí mismos como separados de la Tierra mientras vivían, los nativos americanos nunca se vieron a sí mismos como diferentes en la vida o en la muerte. Esta creencia prevaleció entre muchos de los pueblos nativos en dos continentes, aunque en diferentes grados. Los nativos americanos en América Central y del Sur construyeron grandes estructuras, algunas que eran pirámides y estructuras más complejas. Los nativos americanos en América del Norte tendían a permanecer más cerca de la tierra, optando por vivir en casas comunales, chozas y hogares que formaban parte de la Tierra o directamente en el suelo en lugar de erigir grandes estructuras que los separaran de ella. Los pueblos como los zapotecas del sur de México creían que eran personas del cielo, por lo que las personas de mayor rango vivían en tierras más elevadas para estar más cerca de sus antepasados. Este no fue el caso de los pueblos de América del Norte. Las creencias y hogares de los diferentes pueblos se detallan en sus respectivos capítulos.

Capítulo 3 – Tribus y Naciones Árticas y Subárticas

Cuando la mayoría de las personas piensan en los nativos americanos, a menudo imaginan personas con trajes de cuero de aspecto cómodo, largas trenzas y espléndidas tierras verdes extensas. Los pueblos que viven en los lugares árticos y subárticos son considerados de manera diferente. Fácilmente, el término más conocido (al menos en los Estados Unidos) asociado con las personas nativas que vivían en las regiones congeladas de América del Norte es esquimales. Sin embargo, este término no es exacto ni incluye a la mayoría de las personas que viven de forma nativa en estas regiones.

Un Extenso Tramo de Tierras Inhóspitas

No hay duda de que las regiones catalogadas como árticas y subárticas son asombrosamente hermosas. Con vastas extensiones de nieve y hielo, pensaría que es un desierto helado donde pocas personas, si es que hay alguna, podrían sobrevivir.

Estas dos regiones son claramente diferentes, aunque puede ser difícil para la mayoría de las personas entender la distinción entre ellas (al igual que la dificultad de comprender las diferencias entre la estepa y el desierto). Un análisis más detallado muestra que las diferencias entre estas dos regiones ayudaron a dar forma a la vida de las personas que vivían allí, al igual que aún controlan y dan forma a la vida de las personas que viven allí actualmente.

El Ártico – Un Mundo de Hielo y Belleza

Cubriendo algunas de las tierras habitadas más frías del mundo, el Ártico es poco atractivo para casi todos, excepto para aquellos que han vivido allí durante siglos o milenios. Cuando los científicos y los arqueólogos comenzaron a darse cuenta de lo improbable que era el Mito del Puente Terrestre, ayudaron a arrojar más luz sobre las personas que optaron por vivir en un lugar que parecía tan hostil a la vida. La parte más alta de la actual Groenlandia, Canadá y Alaska se consideran las tierras de las tribus árticas. Ahí no hay árboles, y tratar de cultivar alimentos es casi imposible en el suelo congelado.

Es de esta región que surgió el término esquimal. El término en sí es del idioma de los pueblos nativos, y se puede traducir como el "comedor de carne cruda". Hoy, se los conoce con mayor precisión como los Inuit. La región también incluye otra tribu, los Aleut. Ambas tribus siguieron una de las pocas fuentes de alimentos, animales, que vivían vidas muy nómadas. A medida que los osos polares, las focas y otros animales migraban para encontrar nuevas fuentes de alimento, los Inuit y Aleut los seguían. Este movimiento continuo es la razón por la cual su territorio abarcaba tanta superficie terrestre inhóspita. Aleut, quien vivía más cerca del terreno subártico, tendía a estar más asentado, estableciendo pueblos de pescadores como una fuente de alimento más estable y predecible.

El idioma de ambos pueblos se conoce como el idioma esquimal-aleutiano porque las dos tribus tenían mucho en común. Sus casas tenían forma de cúpula, aunque todas a excepción de las casas al norte estaban hechas de madera y tierra en lugar de hielo. Ambas tribus usaron la piel de nutrias y focas para crear ropa resistente a la intemperie que los mantendría más cálidos en el clima severo. Utilizaron trineos tirados por perros como un medio de transporte más rápido a través de la nieve y el hielo, y los perros formaban parte de casi todos los grupos nativos, ya sean migratorios o estacionarios.

Estas personas son verdaderamente adaptables, ya que han logrado sobrevivir durante miles de años en regiones que parecían incapaces de mantener la vida humana. Su religión refleja su reverencia por la naturaleza. Tanto los Inuit como Aleut siguen la doctrina del animismo, que afirma que todo ser vivo tiene un alma, en contra de la creencia limitada del cristianismo de que solo los humanos tienen alma. Su creencia se extiende a cualquier fenómeno natural, como tormentas eléctricas y nieve, así como a características geográficas, como montañas y ríos. Su religión estaba dominada en gran medida por el chamanismo. Comparable a un sacerdote, un chamán actuaba como un medio entre el mundo que la gente podía ver y el próximo mundo. Eran más activos trabajando con espíritus. Diferentes regiones del Ártico tenían diferentes creencias dentro del chamanismo. Los pueblos del noreste tenían en gran estima a la madre de los animales marinos, Sedna. Los de la región occidental pusieron énfasis en el Dios de la Luna Igaluck (o Anningan). Todas sus mitologías incluían embaucadores y aquellos con intenciones maliciosas.

Los nativos americanos en la región ártica eran expertos en hacer esculturas, trabajando con el marfil de los colmillos de morsa y la ballena para crear una amplia gama de herramientas y accesorios. Las máscaras de animales y naturaleza utilizadas por los chamanes son extraordinarias y muestran las habilidades de las personas que vivían en una tierra tan hostil. A pesar de las dificultades de vivir en los climas helados, la gente creó algunas obras de arte muy refinadas que todavía son notables hoy en día.

Actualmente, los nativos americanos que viven en Alaska representan aproximadamente el 1.5 por ciento de la población. Si bien estaban protegidos de gran parte de la expansión y el robo de tierras comunes en las regiones del sur, la exposición a los viajeros de esas áreas del sur resultó en gran medida fatal para los pueblos nativos. Al igual que muchas otras regiones, los nativos que viven en la región ártica no tenían la inmunidad necesaria para combatir las enfermedades particularmente virales transmitidas por los descendientes de europeos y euroasiáticos. Las personas de ascendencia europea y rusa que se establecieron en la región no consideraban a los nativos como las personas legítimas de la tierra en la que habían vivido durante milenios. Las escaramuzas y las batallas continuamente empujaban a los pueblos nativos de sus tierras. Oprimirlos y robar sus recursos alimenticios cruciales redujo aún más el número de pueblos nativos. Se estimó que hoy en día solo hay 4.5 millones de personas nativas en Alaska, por encima de los 2.500 estimados que sobrevivieron a la opresión y el robo europeos en 1867 cuando Estados Unidos compró Alaska a Rusia.

El Subártico – Impresionantes Señales de Vida y Comodidad

Aunque todavía extremadamente frío, el área subártica puede mantener la vida de las plantas. Taiga, o bosques de pinos, se extienden a través del paisaje, proporcionando más comida para los animales que viven allí. La región cubre la mayor parte de Canadá y una gran parte de Alaska. Los veranos son siempre cortos y los inviernos largos y fríos. También existen áreas pantanosas y altas mesetas que dan forma a diferentes partes de la región.

Se hablaron dos idiomas principales en toda la región. Al oeste, los nativos americanos hablaban athabaskan, incluidos los Deg Xinag, Gwich'in, Han, Kaska, Sekani y Tsattine. Existen diversos dialectos únicos hablados por pequeñas porciones de las poblaciones, y estos dialectos no siempre fueron completamente similares. La sección oriental del subártico hablaba algonquino, incluidos los cree, naskapi y ojibwa. No era idéntico al algonquino hablado en otro lugar, pero los idiomas son lo suficientemente similares como para que las personas de las dos regiones diferentes pudieran comunicarse. Menos de 65.000 personas hablaban estos idiomas. Si bien la región es capaz de conservar árboles y una mayor variedad de vida animal, todavía es mucho más hostil y fría de lo que es cómodo para muchas personas. Algunos de los pueblos que vivían en el subártico tenían pueblos que se extendían mucho más al sur.

Viajar por el subártico era difícil y requería equipo adicional para moverse de un lugar a otro. Si bien muchas tribus se asentaron en un solo lugar, hubo muchas que continuaron migrando, siguiendo el caribú y otras presas grandes. Para lograrlo usaron raquetas de nieve y toboganes. También se utilizaron canoas ligeras cuando llegaron a cuerpos de agua. Sus hogares también eran necesariamente livianos, incluidas las carpas que eran fáciles de levantar y desmontar. Cuando hacía demasiado frío para hogares tan livianos, se instalaron en lugares subterráneos.

Existen indicios de que la gente comenzó a poblar la región antes de 5000 AC. Cuando llegaron los europeos, las culturas y tradiciones de la gente estaban bien establecidas. Con una gran cantidad de vida silvestre con pieles duraderas, los europeos jugarían un papel mucho más temprano en la región subártica. La caza y el comercio con los nativos americanos comenzaron a cambiar la forma en que vivían los nativos americanos, y los europeos comenzaron a tomar las tierras que resultaron prósperas debido a esos mismos animales que habían ayudado a los nativos a establecer vidas estables durante milenios. A medida que los europeos se mudaron a la región, reclamando la tierra, comenzaron a matar animales a un ritmo demasiado rápido para mantenerse. Las grandes poblaciones de animales nativos fueron destruidas, y había menos lugares para que los nativos americanos vivieran y viajaran sin incurrir en la ira de los europeos invasores.

Capítulo 4 – Pueblos del Noreste y Sudeste

Las regiones del noreste y sureste fueron los primeros lugares donde los europeos desembarcaron en lo que sería Estados Unidos. Al principio, esas interacciones fueron inofensivas, y la primera fue mucho antes de que Cristóbal Colón llegara al Nuevo Mundo. Si bien no se sabe qué interacción, si alguna, ocurrió durante la llegada de los primeros europeos, la historia tiene un registro mucho mayor de interacciones posteriores después de que los españoles y portugueses comenzaron a invadir el Caribe, México, América Central y América del Sur.

Estas dos primeras regiones fueron las primeras en detectar exactamente qué tipo de amenaza podían representar los europeos. Las ciudades y pueblos de Europa, repletos de delincuencia y plagados de enfermedades, habían significado que las personas que vivían allí habían desarrollado sistemas inmunes mucho más resistentes. Debido a las condiciones de vida a las que estaban acostumbrados, los europeos eran inmunes a las enfermedades que traían consigo, una inmunidad que los pueblos nativos que estaban cerca de la naturaleza y mantenían un equilibrio con su mundo no tenían. Los nativos americanos tampoco tenían la misma avaricia y egoísmo individual que plagaban a Europa. La mayoría de las personas que venían de Europa buscaban riquezas, poder o un lugar para venerar libremente. El último no fue tan inofensivo como parece porque los europeos que vinieron en busca de libertad religiosa tendieron a ser los más condescendientes y crueles con los pueblos nativos que los habían ayudado a sobrevivir. Al aceptar la ayuda de los pueblos nativos, muchos de estos "buenos cristianos" los despreciaron y rápidamente olvidaron cuánto habían hecho los pueblos nativos por ellos. No todos los europeos lo hicieron; sin embargo, junto con la codicia y el deseo de poder, la religión se convirtió en una herramienta para el exterminio de aquellos nativos americanos que no fueron asesinados por las enfermedades mortales europeas.

Pueblos del Noreste – Asentados y Cultos

La región bajo el subártico ubicada a lo largo de la costa noreste de los Estados Unidos se denomina bosques del noreste. Extendiéndose todo el camino hasta la actual Carolina del Norte y al oeste hasta el Mississippi, los pueblos de esta área eran increíblemente diferentes a las tribus en las otras regiones de lo que luego se convirtió en los Estados Unidos. Pero debido a que estas fueron las personas que los europeos encontraron cuando llegaron por primera vez, se sabe mucho más acerca de las tribus tanto en las secciones del noreste como del sureste del país que otros pueblos nativos. Hacia el borde occidental de la región, los árboles dan paso a las llanuras. Los búfalos eran comunes en esta región, y las tribus en esta región a menudo interactuaban con las tribus de las Grandes Llanuras. La cordillera de los Apalaches y los Grandes Lagos son dos características definitorias. Mucho más moderadas que sus vecinas del norte, las tribus eran menos móviles en las regiones orientales de América del Norte.

Los nativos americanos en la sección noreste están divididos en dos grupos principales basados en los dos idiomas hablados cuando llegaron los europeos: los que hablaban iroquesa y los que hablaban algonquino. Se estima que había alrededor de dos millones de pueblos nativos en la región cuando los europeos comenzaron a establecerse en América del Norte.

La nación iroquesa incluía varias tribus, como Cayuga, Erie, Oneida, Onondaga, Seneca y Tuscarora. Estas tribus vivían principalmente cerca de los numerosos cuerpos de agua que estaban repletos de peces y vida silvestre. Eran un pueblo altamente civilizado que había fortificado pueblos con un sistema establecido de gobierno. Viviendo a lo largo del agua, los hablantes iroqueses tendían a usar canoas hechas de olmo porque la madera era más estable, aunque también eran más lentas que las canoas de los algonquinos.

Los hablantes de algonquino se extendieron mucho más allá de la región noreste hacia las regiones subárticas y de las Grandes Llanuras. Las tribus que hablaban algonquino en la región incluían Delaware, Fox, Menominee, Pequot, Shawnee y Wampanoag. Hubo mayores concentraciones de ellos a lo largo del océano donde pescaron gran parte de su comida. Prefirieron viajar en canoas ligeras hechas de abedul.

Más Allá de la Supervivencia

Los pueblos con los que los británicos se encontrarían por primera vez no eran salvajes con una tenue comprensión de la supervivencia. Todo lo contrario, estas personas tenían una mejor comprensión de cómo vivir con la tierra y sobrevivir en un mundo que tenía cuatro estaciones distintas, a diferencia de los colonos de Inglaterra. Los pueblos que vivían en la región del Nordeste entendían métodos de agricultura más avanzados, y tenían una cultura increíblemente vasta.

La mayoría de los nativos americanos en esta región cultivaban, siendo el maíz un producto primario de su estilo de vida más agrario. También recolectaron alimentos del bosque y sus alrededores. Para garantizar que el suelo fuera fértil después de la cosecha, usarían tala y quema para proporcionar nutrientes adicionales. También eran cazadores y pescadores.

La evidencia muestra que estas personas habían prosperado en la región durante no menos de 12.000 años, y es probable que emigraron desde las regiones del sur del continente. No solo cosechaban cultivos y tenían un conocimiento profundo de las estaciones para obtener el mejor rendimiento de las cosechas, creaban cerámica y tenían ceremonias de sepultura para sus muertos. Tenían una rica cultura con artesanos expertos en la creación de herramientas de cobre, y sus propias tradiciones.

El comercio era común entre las diferentes tribus, lo que se hizo más fácil por el hecho de que solo había dos idiomas principales. Los iroqueses parecían tener más maíz y otros productos agrarios para comerciar con los algonquinos por sus productos animales. También intercambiaron sus herramientas, cerámica y artículos artesanales.

Los Verdaderos Primeros Europeos

Mucho antes de que los ingleses llegaran con enfermedades y un deseo de tomar el control, los viajeros nórdicos llegaron a la región. El vikingo Erik el Rojo había ayudado a establecer lo que se cree que fue el primer asentamiento en la actual Groenlandia. Leif Eriksson era su hijo. Se cree que Eriksson perdió su camino de regreso a casa en Groenlandia después de visitar Noruega y llegó a América del Norte (alrededor del año 1000 d. C.). Él y sus hombres exploraron el lugar donde tocó tierra, llamándolo Vinland basado en las impresionantes uvas silvestres que florecían en la región incluso durante el otoño y el invierno. Pasaron el invierno allí y luego regresaron a Groenlandia. Algunos estudiosos creen que no fue Leif Eriksson sino un comerciante islandés llamado Bjarni Herjulfsson quien fue el primer europeo en visitar la región de América del Norte (986 d. C.). Existen relatos que hizo una caminata 14 años antes de que Eriksson viajara a Noruega y que fueron los relatos de Herjulfsson los que influyeron en las historias de Eriksson años después. Si bien fue claramente una historia interesante, la gente de Groenlandia no tenía ningún deseo de regresar, conquistar o establecerse en América del Norte.

Sin embargo, esa fue la primera vez que un europeo hizo el viaje. Es irónico que las personas, consideradas en gran parte como vikingos, que se describen comúnmente como bárbaras, crueles y propensas a asaltar los pueblos y ciudades de Europa, fueron los que dejaron las tierras en paz. Claramente, era un lugar mejor para la agricultura y era mucho más fácil habitar que donde vivían los vikingos en ese momento, sin embargo, estas personas dejaron solo el nuevo territorio. Irónicamente, los españoles, portugueses y británicos que se consideraban tan civilizados y avanzados tenían prácticas tan bárbaras como las personas a las que llamaban salvajes. Mientras los pueblos nativos intentaban defender sus tradiciones y tierras, los recién llegados los mataron, robaron y cometieron genocidio contra ellos, en gran parte debido a la codicia. Es increíblemente improbable que las tribus que se encontraron con Eriksson o alguna de las otras personas de Groenlandia hubieran recordado gran parte del encuentro cientos de años después.

Los Pueblos del Sudeste – Organizados y Civilizados

Otra ironía es que algunos consideran que la parte sureste de los Estados Unidos es más pausada para progresar actualmente. Antes de la llegada de los británicos, esta región era quizás la más parecida a muchos de los países europeos. Los pueblos nativos tenían jerarquías, leyes y gobiernos que hacían que el área sudoriental se civilizara y se estructurara de una manera más familiar para los europeos. Se necesitó mucho más para pasar por alto la cultura avanzada de estas personas que en otras áreas porque eran mucho más fáciles de adaptar las ideas europeas e integrar esas ideas en las suyas.

La región se extendía desde la parte interior de la actual Virginia hasta Florida. Se extendía hacia el oeste hasta la actual Texas. Es una división mucho más reducida que las otras tres cubiertas hasta ahora, pero estaba mucho más avanzada en términos de asentamientos, leyes y jerarquía.

La región sureste fue la más fértil y tuvo la mejor estación de crecimiento, ya que las estaciones fueron más largas. Las lluvias constantes ayudaron a los nativos americanos en la región sureste a establecerse y desarrollar civilizaciones agrarias avanzadas. La gama de cultivos incluía calabaza, tabaco, maíz, muchas especies de frijoles y girasoles. Como en muchas regiones agrarias de Europa, sus vidas se basaron en una cultura agraria. Con una mejor comprensión de la tierra y la naturaleza, pudieron encontrar el tipo correcto de plantas para la amplia gama de tipos de suelo. Si bien dependían de la agricultura para la mayoría de sus alimentos, todavía había cazadores y pescadores para proporcionar la carne necesaria.

Había un idioma primario para el área suroriental, el idioma muskogeano. Aunque había muchas tribus, cinco naciones principales estaban presentes: Cherokee, Chickasaw, Choctaw, Creek y Seminole. Cada uno habló su propia variación sobre el idioma muskogeano que se desglosó en diversos dialectos diferentes. En comparación con las otras regiones, esta área fue fácilmente una de las más densamente pobladas.

Una Celebración Anual

Como pueblo muy agrario, participaron en muchas celebraciones y festivales basados en las estaciones. El Festival del Maíz Verde fue uno que tuvo un gran significado para la gente. Celebrado en el otoño, el chamán de cada tribu y los guerreros bailaban alrededor del fuego, con maíz en sus manos. El maíz era cocinado como una ofrenda a los espíritus.

Después del baile, los nativos crearían un segundo fuego y el maíz se cocinaría para todos los presentes. Luego comían y bailaban, al igual que las ceremonias de cosecha europeas, como el Festival de Octubre. Aunque los inviernos eran ligeros o inexistentes (la nieve sigue siendo algo inusual en la región), era una época en que los nativos pasaban más tiempo en sus hogares.

Cuando sus Tierras Vastas y Fértiles Fueron Utilizadas en su Contra

Estas tierras que establecieron algunas similitudes con la cultura europea terminaron siendo un atractivo importante para los recién llegados. Ignorando las obvias jerarquías sociales y las similitudes culturales, los coloniales (y luego los americanos) querían esas tierras ricas y fértiles para ellos. Si bien hubo algunos nativos americanos que no fueron cordiales, hubo muchos que ayudaron a los primeros colonos, mostrándoles lo que necesitaban saber para que no sufrieran el mismo destino que Roanoke. Los europeos "civilizados" pronto se dieron cuenta de que los nativos de esta región tenían los mejores recursos de cualquier área explorada por los europeos hasta ese momento. Muchos de los europeos y los primeros americanos no querían compartir con los nativos, por lo que justificaron el genocidio y el robo por cualquier medio necesario, incluida su religión, el cristianismo. Claramente, al no comprender las enseñanzas de Jesús y los Diez Mandamientos que deberían haber dictado su comportamiento, los europeos y los americanos optaron por no aplicar su religión y mandamientos a los pueblos nativos. En cambio, usaron su religión para justificar matar a los pueblos nativos y reclamar sus tierras.

La exposición a los europeos redujo el número de nativos americanos debido a asesinatos, enfermedades o robos de sus tierras. Dentro de los 300 años de su llegada, los europeos finalmente expulsarían a los pueblos nativos restantes de la tierra que había sido su hogar durante más tiempo que cualquiera de las naciones europeas de hoy en día. Incluso teniendo en cuenta las raíces italianas, los pueblos nativos de la región sureste eran varios miles de años más antiguos. Estaban más establecidos que Egipto. Sin embargo, algunos americanos demostraron su máxima crueldad cuando, en menos de 75 años de la existencia de la nación, obligaron a los Cherokees a abandonar sus tierras a lo largo del Sendero de Lágrimas.

Como se explicará con mayor profundidad más adelante, hubo un solo conjunto de pueblos nativos que lucharon con éxito contra los colonos invasores de ascendencia británica. Después de que Estados Unidos obligó a millones de nativos americanos a abandonar sus tierras, incluidos los Cherokee a lo largo del Sendero de Lágrimas, la Tribu Seminole se negó a ser expulsada de sus tierras de la misma manera. Utilizando tácticas similares a las que los pueblos nativos habían enseñado a los colonos durante la Guerra de la Independencia, los Seminole encontraron formas de esconderse y escapar. Hubo pequeños grupos de personas de la Nación Cherokee que tuvieron éxito a través de medios similares, pero una porción mucho mayor de los Seminole que se suponía que dejarían Florida permaneció.

Capítulo 5 – Pueblos de las Llanuras y las Mesetas

Los nativos americanos que inicialmente se salvaron de la codicia de los europeos y los americanos vivieron de manera que las personas se asocian más estrechamente con los pueblos nativos de América del Norte. Más en la línea del estereotipo de "indio", los pueblos de las llanuras y mesetas eran cazadores expertos. Primero los europeos, y luego los americanos, inicialmente se harían amigos de los nativos, ya que necesitaban cruzar sus territorios y explorar las tierras. Por supuesto, los primeros europeos y americanos en cruzar las llanuras y las mesetas estaban interesados en el dinero que podían ganar atrapando y cazando, pero eventualmente considerarían que la tierra era muy atractiva, ya que era relativamente fácil sobrevivir en estas zonas. El problema era que sobrevivir era fácil; obtener provecho de los territorios demostraría ser mucho más difícil de lo que cualquiera de los americanos había previsto inicialmente.

Las Grandes Llanuras – Donde los Búfalos y los Humanos Vivían en Armonía

Las Grandes Llanuras era la región más expansiva al sur de las tierras heladas del subártico, y los nativos americanos habitaban en las praderas. Extendiéndose desde el río Mississippi en la frontera oriental hasta las Montañas Rocosas en el oeste, y el sur de Canadá en el norte hasta el golfo de México hacia el sur, era una región que albergaba muchas tribus y naciones diferentes.

Los pueblos de esta región hablaban cinco idiomas principales; Algonquino, Athabaskan, Caddoan, Siouan y Uto-Aztecan. El uso de estos idiomas se extendió mucho más allá de los límites de la región de las llanuras. Debido a que el territorio abordó otras seis regiones, los pueblos de esta área pudieron comunicarse con un grupo mucho más amplio que cualquiera de los otros pueblos nativos.

Cuando las personas representan a los nativos americanos, los pueblos de las Grandes Llanuras suelen ser la imagen que se muestra. Montar a caballo para cazar búfalos a través de vastas áreas significaba que diversas tribus eran nómadas. Sin embargo, hubo más pueblos asentados que cultivaron y prosperaron en las tierras que las grandes compañías utilizan actualmente para los mismos fines. Sus tipis y elaborados tocados de plumas eran parte integral de sus vidas. Los tipis estaban hechos con piel de búfalo duradera y eran fáciles de desmontar y levantar mientras cazaban.

Cuando los europeos trajeron caballos a América del Norte, las tribus y las naciones de las Grandes Llanuras se convirtieron rápidamente en expertos sobre cómo criar y montar a los animales. Podrían cazar más fácilmente a caballo, convirtiéndolos en cazadores y guerreros muy formidables. También resultó en que más personas se volvieron nómadas, ya que podían perseguir más fácilmente rebaños que anteriormente habían sido demasiado rápidos o demasiado difíciles de seguir a través de grandes distancias a pie.

Las Tribus

Con una región tan extensa para vivir, había muchas tribus, algunas de las cuales también residían en otras regiones. Personas conocidas como Arapaho, Cheyenne, Otoe, Shawnee, Cree, Sioux, Pawnee, Blackfoot y Crow ocuparon porciones de las Grandes Llanuras y otras regiones circundantes. Las tribus menos conocidas incluyen Gros Ventre, Kiowa, Mandan, Iowa, Kansa, Omaha y Ponca.

Cuando los americanos obligaron a los pueblos nativos a abandonar sus tierras en el este, inicialmente fueron trasladados a las Grandes Llanuras. Los pueblos de la Nación Cherokee terminaron el Sendero de las Lágrimas en el área y nunca se recuperaron por completo. Aunque el espacio era fértil y el clima adecuado para la agricultura, similar al tipo de vida que los Cherokee habían vivido antes de ser expulsados de sus tierras, el suelo no era como el de la región sureste.

El Principal Recurso Natural

Los búfalos eran un recurso importante para los pueblos nativos, y cada parte de un búfalo se usaba después de su muerte. Desde sus pieles usadas para hogares hasta sus huesos usados para herramientas hasta su carne usada para comida, los nativos americanos eran muy ingeniosos y apreciaban a estos grandes animales. Los animales eran esenciales para la vida cotidiana de las personas, por lo que los búfalos solo fueron asesinados en función de la necesidad. Los nativos americanos no los cazaban por trofeos ni mataban más de lo que podían usar. Los cazadores usarían tipis durante las cacerías porque eran fáciles de usar y de montar.

Pronto los pueblos nativos llegaron a ser vistos como un obstáculo para la expansión occidental; el gobierno de los Estados Unidos tomó la táctica de masacrar el mayor recurso en las llanuras: el bisonte. Fue un acto intencional por parte de los Estados Unidos obligar a la gente a renunciar a su estilo de vida tradicional.

La Meseta – Un Pueblo Tranquilo a lo largo de Numerosos Ríos

La región de la meseta, también conocida como la meseta de Columbia, se extendía a lo largo de la porción oriental del noroeste del Pacífico. Los pueblos nativos vivían en el Canadá actual y el este de Washington y Oregón (al este de las montañas Cascade) y se extendían hasta el oeste de Montana. Aunque la región es en gran parte esteparia, muchos ríos atraviesan los territorios, incluido el segundo río más largo de América del Norte, el río Columbia.

Viviendo a lo largo del río enérgico, la gente era en su mayoría pacífica. La mayoría de las aproximadamente docenas de tribus que vivían en esta región se establecieron, obteniendo todo lo que necesitaban de los ríos donde vivían. La trucha y el salmón fueron una parte importante de su dieta, pero también cazaban animales que se sentían atraídos por el agua. También había muchas plantas, bayas y nueces.

Dos idiomas principales de la región fueron el penutiano y el salishan. Sin embargo, la gran mayoría de las tribus hablaban sus propias versiones de estos idiomas, por lo que la comunicación no era tan sencilla como podría parecer inicialmente. Aun así, se comunicaron y permanecieron en paz en gran medida hasta que llegaron los americanos.

La gente no solía formar grandes áreas pobladas, optando por permanecer en asentamientos más pequeños y fáciles de conservar. A pesar del área relativamente pequeña de la meseta de Columbia, había aproximadamente una docena de tribus. Los nombres de la mayoría de estas tribus son conocidos solo por las personas que viven en la región hoy en día, como Columbia, Klamath, Klickitat, Modoc, Nez Perce, Salish, Skitswish, Spokane, Yakima y Walla Walla.

Al igual que hoy, el clima fue extremadamente variado, con veranos cálidos e inviernos nevados. Durante los meses más cálidos, la gente disfrutaba viviendo cerca del agua para refrescarse rápidamente después de un duro día de trabajo, así como para pescar salmón. Durante los meses de invierno, vivirían bajo tierra. Estas casas subterráneas, llamadas casas de pozo, a menudo estaban conectadas a través de túneles.

La Llegada de los Caballos

Cuando los caballos se hicieron comunes a la gente de las Grandes Llanuras, las tribus de la meseta de Columbia se convirtieron en socios en la cría y el entrenamiento de este animal. Existe evidencia de que había un tipo de caballo que había sido nativo en América del Norte, pero que se había extinguido mucho antes de que llegaran los europeos. Con la reintroducción de una criatura grande que podría facilitar la vida cotidiana, los pueblos nativos de la meseta de Columbia ayudaron rápidamente a sus vecinos a utilizar los caballos.

Dado que gran parte del viaje en esta región se realizó en el agua, había menos necesidad de caballos en las mesetas. Sin embargo, el animal hizo que fuera más fácil viajar a través de los grandes tramos de estepa que anteriormente habían sido demasiado estériles para que los nativos viajaran regularmente.

Los caballos se volvieron importantes para la caza en las Grandes Llanuras, ayudaron a los nativos americanos de la meseta de Columbia a expandir sus zonas de caza y actuar como comerciantes con los invasores europeos. Con la llegada de Lewis y Clark, las enfermedades europeas comenzaron a afectar a estas personas que antes eran opulentas. Debería haber sido una señal de que las personas que parecían bien intencionadas no eran tan inofensivas como parecían. Tampoco estaban respaldados por un gobierno que honrara todo lo que Lewis y Clark prometieron. Al igual que los nativos de las Grandes Llanuras, los caballos proporcionarían ayuda a los pueblos de la meseta de Columbia, pero también como los nativos de las Grandes Llanuras, el esfuerzo conjunto no fue suficiente para superar a los americanos que solo se preocupaban por el enriquecimiento.

Experto en Armas

A pesar de ser una región en gran parte pacífica, las armas eran esenciales para todas las tribus de la meseta. La agricultura no era muy común en esta región, por lo que los cazadores desempeñaban un papel vital en la supervivencia de cada tribu. Como resultado, sus armas eran extremadamente efectivas, particularmente armas a distancia.

Los lazos fueron una herramienta común y ayudaron a derribar una partida más extensa. Los nativos también usaron lanzas y arpones para ayudar durante las cacerías más difíciles. Por supuesto, su arma más efectiva y confiable era el arco y la flecha.

Incluso con todas estas herramientas a su disposición, los nativos no siempre tuvieron éxito en cazar animales con la frecuencia necesaria, y fue entonces cuando utilizaron la astucia. El fuego se usaba para fumigar a los animales o conducirlos a áreas donde otros cazadores esperaban. Algunos cazadores también llevaban animales al agua donde serían mucho más fáciles de atrapar y matar.

De vuelta en sus hogares, se usaron cuchillos y piedras erosionadas para desollar a los animales y preparar las pieles. La herramienta de gravilla era mucho más resistente y funcional de lo que sugiere su nombre. Se utilizó no solo para la preparación, sino también para picar, cortar y fabricar pulpa.

Capítulo 6 – La Gran Cuenca y las Regiones del Sudoeste

Ambas regiones eran algo reducidas, pero albergaban a muchos pueblos nativos con estilos de vida muy diferentes. Esto se debió en gran parte a la diversidad del terreno. La Gran Cuenca y las regiones del suroeste incluyen el Gran Cañón, Las Vegas y muchas otras atracciones actuales conocidas. El estado actual de Texas abarcó ambas regiones, y se extendió justo al lado del océano, deteniéndose en la región de California.

La Gran Cuenca – Un Terreno Áspero con Población Progresiva

Las personas que vivían en la Gran Cuenca tenían las Montañas Rocosas a lo largo de su frontera oriental y las Sierra Nevadas al oeste. Al norte estaba la meseta de Columbia y la meseta de Colorado en el extremo sur. Sigue siendo un área en gran parte inhóspita de lagos salados que no permiten la vida, el desierto y otras características naturales hostiles. Todavía era el hogar de una gran cantidad de pueblos nativos.

Los dos dialectos principales de las regiones eran Shoshonean y Uto-Aztecan. Dado el áspero terreno, pocas de las personas que vivían ahí se encontraban en un área establecida, prefiriendo permanecer constantemente en movimiento para encontrar los espacios de vida óptimos durante los veranos muy calurosos y las heladas noches de invierno.

Las fuentes de alimentos eran en gran medida lo que se podía encontrar en esas condiciones hostiles, como lagartos, serpientes y otros animales pequeños. También comieron nueces, raíces y semillas. Sus hogares coincidían con sus estilos de vida nómadas, y las tribus se movían con wikiups (wigwams) que estaban hechos en gran parte de árboles jóvenes, hojas y madera de sauce. Sus estructuras sociales eran lo que se podía esperar de un pueblo nómada, y los líderes de cada tribu eran en gran medida líderes informales.

Dado el hostil terreno y la dificultad de la supervivencia, había pocas razones para que los pueblos indígenas se preocuparan por los tipos de invasiones y adquisiciones hostiles que ocurrieron en las otras regiones. Si no se hubiera descubierto el oro, probablemente habría permanecido así. Desafortunadamente, una vez que los americanos escucharon que se había descubierto oro en la región, aplicaron el Destino Manifiesto a la Gran Cuenca porque tenía los recursos que buscaban. Los tratados se rompieron nuevamente con los pueblos nativos, y fueron empujados a tierras donde la supervivencia era mucho más difícil.

Un Estilo de Vida Más Abierto

La gente de la Gran Cuenca fue extraordinariamente inteligente y progresista en su enfoque de la vida. Ellos entendieron el valor de la vida. Para sobrevivir en un terreno tan complicado, eran expertos en la tierra y las áreas que la rodeaban, incluso en áreas muy alejadas. Uno de los más famosos de los Shoshone fue Sacagawea, quien jugó un papel vital en el éxito de la expedición de Lewis y Clarke a través de la Compra de Luisiana. Conocían muchos idiomas diferentes y sabían cómo sobrevivir en algunas de las condiciones más difíciles en lo que ahora se conoce como los Estados Unidos.

Al igual que muchos otros grupos de nativos americanos, las mujeres fueron vistas como iguales y fueron tratadas como tales, a diferencia de las mujeres europeas y las mujeres americanas. A los jóvenes se les permitió explorar su sexualidad sin estigma, lo que podría resultar en un período de matrimonio de prueba. Si un matrimonio no funcionaba, cualquiera de los cónyuges solo necesitaba regresar a la casa de sus padres para que la pareja se divorciara.

Dado lo hostil que era el terreno y la realidad de que las mujeres podían morir durante el parto, se les permitió casarse con dos hombres, generalmente dos hermanos. Llamada poliandria fraterna, esta práctica ayudó a mantener pequeñas las tribus y las bandas para que la vida pudiera sostenerse fácilmente en el entorno difícil.

El Comienzo de la Danza de los Espíritus

Los nativos de la Gran Cuenca estaban increíblemente agradecidos por lo que les otorgó la tierra. Como resultado, tuvieron dos ceremonias principales: llamadas Danza del Oso Ute y Danza del Sol. Estas danzas eventualmente inspirarían la Danza de los Espíritus. Visto como una forma de ayudar a los nativos a reconectarse con sus creencias espirituales y rechazar el estilo de vida de los americanos, eventualmente se consideraría una amenaza para los americanos en lugar de ser visto por lo que era. Las ceremonias y creencias de los nativos de la Gran Cuenca inspirarían a otros hasta que los americanos decidieran que deberían ser prohibidos. Como resultado, miles de personas nativas serían asesinadas mientras intentaban volver a sus formas tradicionales, todo porque algunos americanos no podían tomarse el tiempo para comprender a las personas que habían perjudicado tantas veces antes de finales del siglo XIX.

El Suroeste – Dos Formas de Vida

La región suroeste se extiende desde la parte occidental de Texas en el límite oriental y hasta Arizona en el oeste. Se extiende al norte como los actuales Colorado y Utah, y hasta el sur hasta el actual México. Aunque esta región no es tan vasta como los territorios nativos del este o las Grandes Llanuras, muchas tribus vivieron allí, cada una adaptándose al lugar donde vivían.

A diferencia de muchas de las otras regiones, las personas que vivían en las áreas del suroeste eran mucho menos similares entre sí. También, a diferencia del destino de la mayoría de los nativos americanos que fueron constantemente traicionados por los Estados Unidos, los pueblos de la región suroeste fueron víctimas de la indiferencia y las prácticas crueles de los españoles. Mientras que los descendientes de británicos a menudo rompieron los tratados que tenían con los nativos americanos y tomaron sus tierras, los descendientes de españoles trataron a los habitantes de la región suroeste de la misma manera que trataron a los aztecas, zapotecas, incas y mayas; o la gente fue asesinada o esclavizada. Los españoles no consideraban a los nativos como personas, por lo que matarlos por sus recursos no se consideraba un pecado contra su dios. Para cuando los mexicanos perdieron la región con los Estados Unidos, las tribus de esta región ya habían sido erradicadas. Una vez que la tierra se convirtió en parte de los Estados Unidos, los pueblos nativos que habían sobrevivido al genocidio español fueron trasladados a reservas por el gobierno de los Estados Unidos.

Aldeanos y Agricultores

Algunos de los tipos de vivienda más variados se utilizaron en esta región. Los nativos que vivían en las regiones del sur no tenían la riqueza de un gran pueblo que resultaba en hogares fácilmente móviles como los pueblos de los Grandes Planos, la meseta de Columbia o las regiones orientales. En cambio, usaron la tierra para sus hogares. Al igual que la gente de América del Sur y Central, los nativos americanos que vivían en el suroeste eran granjeros y necesitaban hogares más resistentes durante los veranos abrasadores. Sus residencias se denominaban pueblos, y son más parecidos a complejos de apartamentos que a casas individuales. Algunos fueron tallados en las rocas y cavernas. Sin embargo, la mayoría de los pueblos estaban hechos de piedra y adobe.

Estas personas vivieron una vida relativamente estructurada, con el centro de sus aldeas siendo un área comunitaria abierta. Las casas de pozo ceremoniales, también llamadas kivas, estaban ubicadas en el centro de las aldeas.

Algunas de las tribus más famosas de la región fueron los hopi, yaqui, yuma y zuni. Todos eran granjeros expertos, a pesar de que el suelo eran menos que ideal.

Nómadas y Guerreros

Los nativos americanos que eligieron un estilo de vida más nómada también fueron a menudo más violentos. Se movieron, viviendo de las presas que podían matar y de las aldeas que atacaron. Su carne generalmente derivaba de lo que podían cazar, mientras que sus verduras y otras fuentes de alimentos solían provenir de las granjas donde realizaban redadas. Como eran nómadas, era difícil predecir dónde atacarían a continuación.

Sus casas eran mucho más fáciles de construir y abandonar cuando era el momento de mudarse al siguiente lugar. Construidos principalmente de corteza y barro, sus hogares se denominaban hogans o casas redondas.

Las tribus nómadas más conocidas fueron los apaches y los navajos.

Capítulo 7 – California y la Costa Noroeste

Toda la costa oeste era un paraíso inalcanzable antes de que llegaran los americanos y los europeos. Al igual que Hawái antes de que los descendientes de europeos invadieran, esta estrecha extensión de tierra al lado del océano Pacífico fue increíblemente hermosa durante milenios. La belleza natural lo convirtió en un paraíso que simplemente no existe en la mayoría del área hoy en día, ya que la construcción, la contaminación, la tala y el desarrollo han destruido gran parte de la belleza natural. Desde las impresionantes cadenas montañosas y sus volcanes hasta las impresionantes playas, los pueblos nativos fueron los guardianes que merecía la tierra. Durante miles de años disfrutaron de las tierras vírgenes y vivieron en armonía con ellas, y las personas que vivieron aquí antes de la llegada de Lewis y Clarke fueron diversas y en su mayoría pacíficas.

California – Un Verdadero Paraíso ante la Avaricia

Es fácil sentir que los pueblos nativos que vivían en la región de California vivían en un paraíso antes del contacto inicial con los descendientes de europeos. La región de California es hoy prácticamente limitada por las líneas estatales, que se extienden desde la parte superior del estado hasta México. Tenía un clima templado, lo que facilitaba a quienes vivían allí sobrevivir y prosperar con el mínimo esfuerzo.

Se estima que había aproximadamente 300.000 personas en esta región hasta mediados del siglo XVI. A pesar de ser una de las regiones más reducidas, tenía una de las poblaciones más elevadas debido a lo fácil que era sobrevivir y prosperar en la región. Hubo aproximadamente 100 tribus que hablaron aproximadamente 200 dialectos diferentes. Independientemente de la cantidad de idiomas diferentes, vivían en relativa paz, y los pueblos nativos preferían disfrutar de la vida que luchar por los abundantes recursos. De acuerdo con algunos historiadores, los diversos idiomas del área original de California eran más ricos y complejos que los idiomas de Europa.

La gente solía vivir en pequeñas tribus basadas en la familia. No cultivaban, ya que la tierra proporcionaba más que suficiente para permitirles vivir libremente. A pesar de la gran cantidad de idiomas que se hablan en la región, comerciaban libremente entre ellos, compartiendo sus artes y conocimientos, así como sus bienes.

La Invasión Española

Al igual que los pueblos nativos de la región suroeste, los nativos de California tuvieron la desdicha de encontrarse con los españoles. Con el deseo de más riqueza y poder, los españoles invadieron la región sur de California. Para 1769, el clérigo católico Junipero Serra había creado una misión en el actual San Diego. Además de difundir las enseñanzas de Jesús, los españoles a menudo optaron por esclavizar o asesinar a los pueblos nativos en lugar de convertirlos cuando mostraban resistencia a los españoles. Cuando terminó el terror español, habían exterminado culturas enteras, eliminando la población de estas personas pacíficas.

Tortura Adicional por los Americanos

Los americanos que llegarían progresivamente en los próximos 100 años no fueron mejores que el salvajismo del pueblo español. La fiebre del oro de California provocó un frenesí en los americanos codiciosos y desesperados, y algunos de ellos rápidamente asesinaron o expulsaron a la población nativa restante de la tierra que habían ocupado durante decenas de miles de años. La demanda del americano era simplemente ilegítima y codiciosa como los españoles que vinieron antes que ellos. Las políticas americanas tampoco fueron mejores que las españolas. El genocidio de los pueblos nativos ha sido documentado en la región debido a lo terriblemente popular que fue. Era algo de lo que los hombres se jactaban ante los demás, incluidos los medios locales. Los hombres cazarían a los nativos en sus hogares y luego matarían a todos, incluidos los niños. Uno de esos vigilantes afirmó que "no podía soportar matar a estos niños con su rifle Spencer de calibre 56". "Los destrozó demasiado". Así que lo hizo con su revólver Smith y Wesson calibre 38". Este tipo de pensamiento psicópata era demasiado común entre algunos americanos en ese momento.

Cuando los estadounidenses comenzaron a invadir el área, la población de los pueblos nativos era de menos de 50,000 personas. Para 1900, la población había disminuido a solo unas 20,000 personas. Algunos historiadores de hoy, como Benjamin Madley, señalan que la masacre de nativos de California por parte de españoles y americanos es comparable al Holocausto y los genocidios en Armenia y Ruanda. Es un capítulo sangriento en la historia estadounidense que la nación se niega en gran medida a reconocer, escondiéndose detrás del paso del tiempo como una justificación débil. Afirmar que sucedió hace tanto tiempo no reconoce el problema ni comienza a enmendar lo que se hizo a los pueblos nativos.

Durante el siglo XX, los nativos americanos comenzaron a luchar a través de los sistemas legales que supuestamente debían defender la justicia. Al igual que las controvertidas decisiones a favor de los cherokee en el siglo XIX (que el presidente Andrew Jackson ignoró, eligiendo en su lugar remitir su política ilegal y poco ética de genocidio y expulsión), la Corte Suprema de los Estados Unidos falló a favor de los pueblos nativos en 1987. Aunque los casinos y los juegos de azar eran ilegales, no se podían aplicar reglas de los Estados Unidos. Ni del estado de California a los nativos americanos. Como resultado, los pueblos nativos comenzaron a mejorar su situación política y económica construyendo casinos y atrayendo el dinero de los descendientes de las personas que habían venido a California buscando dinero fácil durante la Fiebre del Oro.

Actualmente, los californianos nativos han visto el mayor aumento de la población en toda América del Norte. Se estima que hay casi 725.000 nativos americanos en la región.

La Costa Noroeste – Abundante, Pacífica y Civilizada

Los pueblos nativos de la costa noroeste eran similares a los de la región sureste, aunque no tenían que cultivar debido a la abundancia de peces, animales, bayas y nueces en la región. Desde la Columbia Británica hasta el norte de California actual (el área que hoy se conoce como la región Cascade), el área era espléndida y templada. No solo abundaban los peces, sino que el océano proporcionaba otros tipos de presas, como focas, ballenas, nutrias marinas y mariscos. Los bosques y el terreno eran asombrosamente deslumbrantes y extraordinariamente abundantes.

Las personas nativas de la costa noroeste pudieron establecer aldeas con cientos de personas mientras vivían un estilo de vida como cazadores y recolectores. Debido a lo abundante que era todo, los nativos americanos de la costa noroeste no necesitaban abandonar sus hogares para tener éxito en la obtención de alimentos. Los períodos migratorios de los animales de los que vivían eran variables para que siempre hubiera suficiente comida. Debido a que los mamíferos más grandes con abrigos más gruesos también estaban libres, pudieron mantenerse calientes en los meses de invierno y cazar sin tener que viajar demasiado lejos de su hogar en la cordillera nevada Cascade Mountain que bordeaba el lado oriental de la región.

Con cientos de personas viviendo en las aldeas, las personas tenían una estructura social mucho más rígida que las de las regiones circundantes. Tener una estructura social más estratificada hizo que estas personas fueran mucho más parecidas a los nativos de América Central y del Sur que la mayoría de los demás pueblos de América del Norte. El jefe de un pueblo recibió el mayor reconocimiento, y aquellos que estaban relacionados con él disfrutaron de más prestigio dentro del mismo. Aquellos en la parte superior de la estructura social tenían más posesiones, incluidos esclavos, que aquellos que estaban fuera del círculo social del jefe. Los pueblos nativos más prominentes de la región incluyen los Athapaskan Haida, Coos, Kwakiutl, Penutian Chinook y Wakashan.

Sus casas solían ser viviendas comunales construidas con tablones de cedro. Como jefe de la tribu, el jefe determinaría quién residía en cuál vivienda. Sin embargo, si un hombre y su familia construyeran una vivienda comunal por sí mismos, sería solo de ellos. Cuando la persona propietaria de la vivienda fallecía, la residencia se quemaba por temor a que el propietario atormentara a la familia si no continuaban con sus vidas.

El Potlatch

Uno de los aspectos más intrigantes de la compleja estructura social de los nativos del noroeste fue el Potlatch. Se celebraron grandes eventos que cambiaron la vida con una reunión de personas, y cuanto más elevado en la escala social era la persona que organizaba la celebración, más grande era el Potlatch. La opulenta celebración incluyó una fiesta ceremonial. Las razones típicas para tener un Potlatch incluyen el nacimiento de un niño o una boda. La persona que fuera la anfitriona de la ceremonia daría regalos a los miembros de la tribu como una forma de demostrar su habilidad para dar generosamente. Se podría prestar tierra para la celebración, y luego ser destruida para mostrar cuán rico era el anfitrión, o se podría otorgar a otros. También fue una forma de compartir su riqueza, otorgando a la gente en un esfuerzo por mostrar respeto y gratitud. Esto tendió a ayudar a construir mejores relaciones y fortalecer la posición del anfitrión. El jefe siempre fue un hombre, pero a quienes asumieron el cargo no se les garantizaría desde el nacimiento. Se esperaba que aquellos que se consideraban jefes ahorraran lo más posible, algunos salvando la mayor parte de sus vidas, solo para regalar la mayor parte o la totalidad como parte del Potlatch.

La Importancia de los Tótems

Pocos pueblos nativos tenían la misma perspectiva en los tótems que los nativos de la costa noroeste. Aunque no comenzaron en la región de la costa noroeste, a los nativos les agradó el aspecto y la vasta historia que se podían mostrar a través de un complejo tótem. Sin un lenguaje escrito, los pueblos nativos confiaban en los tótems como una forma de mostrar la historia de una familia, al igual que los árboles genealógicos utilizados por los europeos y sus descendientes. Sin embargo, estos fueron más elaborados y duraderos que los registros llevados a cabo por romanos y monarquías porque los tótems estaban tallados en madera y podían agregarse con el tiempo. Eran el registro de la historia de una familia, por lo que se mostraron públicamente para que todos lo observaran. Se tallarían diferentes animales, plantas y espíritus en el bosque para mostrar una nueva historia en la historia de la familia.

Capítulo 8 – Hiawatha, Deganawida, y la Fundación para las Democracias de Hoy

Aunque se sabe poco sobre la historia de los pueblos nativos antes de la llegada de los europeos, todavía existen algunas historias que tuvieron un gran impacto en las personas de la época de las que todavía se habla hoy. Una de esas personas legendarias era Hiawatha. Incluso las personas hoy en día han oído hablar de su nombre, incluso si no saben nada sobre su historia o su efecto en las tribus y los colonos que todavía existen hoy. No era simplemente un jefe muy respetado, la dirección que dirigiría a su pueblo resultó en la fundación de la Nación Iroquesa, y unos siglos después su confederación sería una influencia principal para el gobierno de los Estados Unidos.

Sin embargo, no trabajó solo. Hiawatha era un hombre pacífico, pero la visión detrás del cambio pacífico entre las cinco tribus principales pertenecía a Deganawida.

Donde Comienza el Mito

Antes de la fundación de la Confederación Iroquesa, la gente de los bosques del noreste estaba constantemente en guerra. La lucha perpetua había cobrado su precio, pero parecía una hazaña imposible lograr que las tribus finalmente dejaran de lado sus diferencias e hicieran las paces. Las cinco tribus que estaban en guerra constante eran Cayuga, Mohawk, Oneida, Onondaga y Séneca, y fueron llamadas las Cinco Naciones.

Se cree que Hiawatha nació alrededor de 1525, más de 50 años antes de que los ingleses hicieran su primer intento fallido de establecerse en el Nuevo Mundo. Nacido en la tribu Onondaga, sus primeros años los pasó entre lo que hoy es el río San Lorenzo y el lago Champlain. Su tribu era tan guerrera como las demás, y estaba demostrando ser un sumidero significativo para las tribus similares. Mientras mataban a su propia gente durante las guerras, las personas que tenían tanto en común se debilitaban continuamente, convirtiéndose en objetivos fáciles para otras tribus. En algún momento, Hiawatha fue capturado o huérfano, y los Mohawks lo adoptaron.

Habiendo vivido entre dos tribus diferentes, Hiawatha quería paz para su pueblo. Tenían tanto en común que no tenía sentido que se mataran incesantemente.

El mito afirma que se convirtió en el jefe de su tribu y tuvo siete hijas. Uno de sus enemigos trató de cortejar a cada una de ellas. Como cada hija rechazaba al pretendiente, él la mataría. Sintiéndose completamente devastado después de la muerte de todas sus hijas, el jefe se retiró a la selva a llorar. Mientras atravesaba la selva, se encontró con el profeta Deganawida. El profeta no tuvo éxito al tratar de influir en la gente hacia la paz porque tenía un impedimento para hablar. Hiawatha era un hombre elocuente capaz de influir en las opiniones e ideas, y actualmente no sentía que tuviera un propósito, pero encontró uno como resultado de su reunión con Deganawida.

Regresaron juntos y comenzaron a cambiar la forma en que las cinco tribus interactuaban y la forma en que se gobernarían a sí mismas.

Uniendo a las Tribus

Juntos, Hiawatha y Deganawida comenzaron a hablar con los miembros de las otras tribus. Deganawida había sido el líder espiritual de la tribu Onondaga, por lo que estaban dispuestos a escucharlo a él y a Hiawatha. Cuando Deganawida les dijo que había tenido una visión de la paz, y que Hiawatha lo expresó adecuadamente, la gente escuchó. Comenzaron a compartir la visión de los dos hombres, un profeta y un hombre sabio. No fue una tarea fácil frente a ellos porque la paz no se conocía en la región desde hacía muchos años.

Los dos hombres se mudaron de una tribu a otra promoviendo la idea de la paz e intentando que los jefes y su gente entendieran la importancia de poner fin a la lucha constante. Después de viajar a todas las tribus, pudieron reunir un consejo para discutir su idea de "La Gran Ley de la Paz". Desde ese consejo, se discutieron cinco objetivos principales.

    1. La gente quería eliminar las guerras perpetuas entre las tribus iroquesas.

    2. Querían crear una paz duradera que los fortaleciera, creando una confederación de iroqueses.

    3. La gente buscaba una forma de protegerse de la invasión independientemente de quiénes fueran los invasores.

    4. Desearon la expansion de sus tierras y poder.

    5. El acuerdo resultante requeriría representación y acuerdo en un gobierno que todas las tribus acataran en la nación.

El resultado fue la fundación de la Nación Iroquesa y una Constitución no escrita de la Confederación Iroquesa. Había 117 artículos en la Constitución, que abarcaban una amplia gama de intereses, preocupaciones y elegibilidad para unirse a la

Confederación. Fue bastante exhaustiva y abordó la emigración, los derechos que las naciones extranjeras tendrían en sus tierras, las reglas que debían seguirse para la secesión, así como el castigo por traición. Quizás lo más importante es que declaró qué derechos se garantizaban a las personas dentro de la nación.

Honrando las Ideas y la Paz Aportadas a través de Esfuerzos Extraordinarios

La leyenda de Hiawatha perduró mucho después de su muerte, y americanos quedaron maravillados por sus habilidades basadas en los efectos duraderos. En 1855, Henry Wadsworth Longfellow, el famoso poeta estadounidense, publicó un poema épico sobre el hombre y la influencia que tuvo no solo sobre su pueblo sino sobre la fundación de toda una nación. El poema épico se denomina *La Canción de Hiawatha*. Cabe señalar que esta es la romanización estadounidense de un evento indígena que ocurrió mucho antes de que los ingleses intentaran establecerse en el continente. No siguió la tradición oral de las personas que estaban más familiarizadas con la historia real, por lo que probablemente exagera algunos aspectos y minimiza otros. Tampoco cubre cómo Hiawatha creó una nación entera a partir de personas que anteriormente pasaban gran parte de su tiempo en conflicto. El poema debe ser tomado como lo que es, el trabajo de un poeta tratando de expresar una idea en palabras en lugar de escribir una historia precisa. Así como *La Ilíada y La Odisea* son obras de ficción basadas en una pequeña pizca de verdad, el trabajo de Longfellow solo tenía unas pocas partes que eran precisas. Aun así, es notable que algunos estadounidenses entendieran que las historias de los pueblos nativos eran mucho más complejas de lo que se suponía y que valían la pena romantizar.

Cómo la Paz de la Confederación Iroquesa Influyó en las Democracias Actuales

La mayoría de la gente actualmente cree que las democracias que se extienden por todo el mundo se fundaron sobre la base de la Democracia de la Antigua Grecia. Esto podría ser cierto para algunas democracias, pero las que se basan en la idea estadounidense de democracia en realidad fueron influenciadas principalmente por la nación iroquesa, no por los griegos. Las piezas fueron tomadas prestadas de los antiguos griegos, pero los padres fundadores tenían un modelo utilizado mucho más preciso.

Uno de los más grandes admiradores de la muy detallada Constitución iroquesa fue Benjamin Franklin. Reconoció que la nación había sido capaz de gobernarse a sí misma durante varios cientos de años, y la gente vivía mucho mejor que los coloniales. El crimen era mucho menos común entre los pueblos nativos, y tenían leyes que cubrían acciones que eran un problema constante para los coloniales. Cuando la Guerra de la Independencia terminó con las colonias que se separaron de la corona, Franklin utilizó la Constitución de Hiawatha de siglos antes como base para los Artículos de la Confederación. En 1777, estos artículos fueron adoptados por el Congreso. Hoy en día, muchas de esas ideas son parte de la estructura de los Estados Unidos y de la forma en que gobierna.

Chapter 9 – Roanoke – El Asentamiento Perdido

A medida que los conquistadores españoles y portugueses invadían y tomaban lo que podían en América del Sur y Central, los colonos británicos comenzaron a establecerse en América del Norte. Sir Walter Raleigh inició su primer intento, y el asentamiento se denominó Roanoke. Lo que sucedió con este asentamiento ha sido un misterio durante siglos. Existen algunas teorías sobre lo que sucedió, y hay una teoría que generalmente se acepta como el escenario más probable para el destino de los 115 europeos establecidos allí. Con el tiempo, el asentamiento de Roanoke llegó a ser conocido como la Colonia Perdida.

El Primer Intento

Inglaterra observó cómo España y Portugal regresaban del Nuevo Mundo con riquezas mucho más allá de lo que se había imaginado anteriormente. Los gobernantes de esos países se estaban haciendo más ricos y ganaban una influencia que estaba más allá de cualquier cosa que los otros países europeos pudieran obtener por medios tradicionales. Por supuesto, hubo piratas y gobiernos extranjeros que autorizaron ataques a barcos que regresaban con esas riquezas. Aun así, no fue tan enriquecedor como lo que aparentemente fue posible al reclamar las tierras en los nuevos continentes.

La reina Isabel I consideró la colonización como la mejor manera de ganar superioridad sobre Europa continental. Sir Walter Raleigh recibió una carta para viajar a América del Norte y establecer un acuerdo que comenzaría a brindarle a Inglaterra el punto de apoyo inicial que quería.

En 1585, Raleigh fundó el primer asentamiento europeo en América del Norte en la región forestal del noreste. Junto a él en este esfuerzo inicial se encontraban otras figuras históricas europeas notables, como John White (quien fue nombrado gobernador de la nueva colonia), Sir Richard Greenville y Ralph Lane. Llamaron al asentamiento Roanoke. Ubicado en la isla de Roanoke, cerca de la moderna Carolina del Norte, estaba destinado a ser el lugar perfecto para que los colonos tuvieran un lugar seguro para comenzar a construir su nueva vida.

No pasó mucho tiempo antes de que fuera muy claro que los colonos no estaban preparados para los desafíos de vivir fuera de la ciudad. Ciertamente no estaban preparados para lo que se requería en el Nuevo Mundo. No tenían alimentos o suministros adecuados para mantenerse durante el período de tiempo que necesitaban para hacer lo básico de lo que requerían para sobrevivir. Tampoco sabían cómo construir viviendas que pudieran soportar el medio ambiente. Finalmente, los nativos americanos no tenían miedo de atacar a las personas que invadían sus tierras. A los pueblos nativos no les importaba cuán lejos habían viajado los recién llegados; querían proteger sus tierras de la invasión.

Pronto los colonos empacaron y se dirigieron a casa. Habían aprendido que tomaría mucho más de lo que originalmente habían pensado para tomar el control de la tierra como la reina había ordenado.

Intentando Otra Vez

Dos años después del fracaso inicial en la isla Roanoke, Inglaterra intentó nuevamente. En 1587, más colonos regresaron para tratar de establecerse en el área. Nuevamente, el asentamiento se denominó Roanoke, pero el segundo intento de establecimiento fue diferente al primero. Durante ese agosto, 115 hombres, mujeres y niños cruzaron el océano para tratar de construir una nueva vida. Estuvieron allí, aparentemente, para ayudar a otorgar a Inglaterra más poder a escala mundial, pero la mayoría de los colonos querían comenzar de nuevo en una nueva vida. El gobernador White les había prometido tierras y una voz en la manera en que se formaría el nuevo gobierno en el Nuevo Mundo. Este fue el tipo de inicio que buscaban las 115 personas.

Desafortunadamente, habían salido demasiado tarde de Europa, y cuando llegaron a su destino, ya era demasiado tarde para comenzar a cultivar durante el año. Lane no había aprendido ninguna lección con sus interacciones con los nativos americanos, y rápidamente los enemistó. Las mismas personas que podrían haberles ayudado después de su llegada tardía no tenían razón para ayudar a los colonos a sobrevivir cuando llegaba el invierno.

Cuando se hizo evidente que la gente necesitaba urgentemente nuevos suministros, decidieron que alguien tendría que regresar por esos suministros. La elección obvia era enviar a su gobernador, White. Se despidió de su esposa, su hija y su nieta recién nacida. Su hija, llamada Virginia Dare, fue la primera persona de ascendencia europea nacida en América del Norte, y ahora tendría que dejarla a ella y a su esposa. Planeando recolectar lo que se necesitaba lo más rápido posible, White regresó a Inglaterra para obtener los suministros que pensó que ayudarían a los colonos. Tenía la intención de regresar lo más rápido posible, pero el momento del regreso a casa resultó ser complicado. Las tensiones entre Inglaterra y España habían estallado en una guerra total. La reina decomisó todos los barcos, y se vieron obligados a trabajar para enfrentarse a la Armada Española.

Pasaron más de dos años antes de que White pudiera regresar a la colonia. En agosto de 1590, finalmente llegó al lugar donde había dejado a su familia, con la esperanza de descubrir que las cosas habían ido mejor de lo que esperaban los colonos. Sus esperanzas se desvanecieron rápidamente, ya que no había signos de nadie en la colonia. No quedaban personas en el lugar donde él sabía que deberían haberse establecido. Solo había dos pistas sobre lo que les sucedió a las personas que se habían quedado atrás. La palabra Croatoan fue tallada en un poste de madera de la cerca, y las letras CRO fueron talladas en un árbol.

La isla Croatoan (ahora llamada isla Hatteras) parecía ser el lugar donde encontraría a los que había dejado atrás más de dos años antes. Sin embargo, no pudo llegar a la isla debido a una fuerte tormenta.

Teorías Abundantes

Con solo dos pistas vagas sobre lo que había sucedido con el acuerdo, las teorías comenzaron a sugerirse sobre el destino de la gente después de la partida de White a Inglaterra. Teniendo en cuenta que White no había podido viajar a la isla Croatoan con una gran embarcación, si los colonos lo hubieran intentado en las pequeñas embarcaciones que tenían, que eran principalmente balsas y pequeñas embarcaciones, probablemente se habrían ahogado antes de llegar a la isla.

Como la isla Croatoan estaba muy lejos (50 millas), los colonos restantes podrían haber intentado ir al área de la bahía de Chesapeake en sus pequeñas embarcaciones. Croatoan también era el nombre de la tribu que ocupaba la isla del mismo nombre, por lo que se sugirió que los nativos habían atacado y capturado o asesinado a los colonos.

Otras teorías sugirieron que fueron aniquilados por la enfermedad, aunque eso parece ser completamente improbable. Había pocos esqueletos en el lugar donde se había establecido el asentamiento, y ciertamente nada como fosas comunes ni nada de lo que se esperaría en caso de una enfermedad viral. Tampoco quedaban hogares en el lugar donde se estableció la colonia por primera vez.

Otra teoría era que la gente no estaba preparada para los huracanes y las tormentas severas que son comunes en esta parte de América del Norte. Por supuesto, no habrían estado preparados para un huracán, ya que estos son increíblemente inusuales en Inglaterra, pero es muy poco probable que una tormenta haya matado a más de 100 personas. Además, las tallas en el árbol y el poste mostraban que habían sobrevivido algunas personas. La pregunta era ¿qué les había pasado a esas personas? Quizás habían dejado algunas otras pistas, pero con más de dos años transcurridos antes del regreso de White, no quedaban otras pistas después de todo ese tiempo.

La teoría más obvia no fue postulada durante mucho tiempo. Los pueblos nativos fueron considerados bárbaros salvajes por los ingleses. Los nativos habían atacado el primer asentamiento y demostraron no estar dispuestos a ayudar a la segunda colonia cuando obviamente estaba en necesidad. Los ingleses se negaron a reconocer que muchos de sus problemas con los nativos americanos eran en realidad culpa de los ingleses. No respetaban a los nativos, pero esperaban ser acogidos cuando surgiera la necesidad de ayuda sin devolver nada a cambio.

Durante más de 400 años, el destino del segundo asentamiento de Roanoke siguió siendo un misterio. Muchas personas han dedicado mucho tiempo a tratar de resolver uno de los mayores misterios de la historia de Estados Unidos, a pesar de que sucedió mucho antes de que el país existiera. Las teorías iban y venían. A la gente se le ocurrieron escenarios incluso menos probables que la enfermedad, incluso se sugirió a los extraterrestres como la causa de la desaparición de los colonos. Hoy, muchas personas comienzan a creer que el destino evidente es muy probable que haya sucedido.

Enfrentando la Verdad Probable – con Pruebas

Hubo muchos aspectos de la vida de un colono que los ingleses claramente no entendieron, incluso después de su intento inicial fallido. Una condición que nadie había considerado durante varios cientos de años se exploró por primera vez en 1998. Las arqueologías comenzaron a estudiar los árboles que existían cuando llegaron los colonos. Al estudiar los anillos de esos árboles, pudieron determinar que había habido una sequía entre 1587 y 1589. Esto sugirió que incluso si los colonos hubieran llegado lo suficientemente temprano para plantar cultivos, podrían no haber podido cultivar con éxito comida necesaria para más de 100 personas. Dados los escasos suministros que tenían, es muy diferente de que los colonos hubieran podido sobrevivir sin ayuda.

Los arqueólogos e historiadores han pasado años buscando otras pistas sobre el destino de la gente de la Colonia Perdida. Varias pistas nuevas sobre los sobrevivientes han surgido en las últimas décadas.

Se encontraron varios objetos europeos en la isla Hatteras (una vez llamada Croatoan), que se encuentra aproximadamente a 50 millas del asentamiento inicial. Otros objetos fueron encontrados a 50 millas de distancia en el continente al noroeste del asentamiento. Los artículos tales como empuñaduras de espada y cuencos ingleses descubiertos en estas áreas sugirieron que los colonos se movieron en dos direcciones diferentes después de que se hizo evidente que no podrían sobrevivir como colonia. El problema con los hallazgos es que son increíblemente difíciles de fechar históricamente. No es fácil determinar la edad de muchos objetos antiguos. Incluso si se puede determinar la edad de un objeto, como un anillo de sello de oro que tenía las marcas de finales del siglo XVII y era claramente una pieza de joyería usada por un noble inglés, podría haberse perdido en un momento posterior. Finalmente, los artefactos podrían haber sido tomados por nativos americanos, con o sin el consentimiento de los colonos. Si el lugar se dejaba vacío, no había nada que impidiera que los pueblos nativos tomaran lo que consideraban que podían usar.

Así mismo es incierto si los nativos americanos se los llevaron, o si se integraron pacíficamente en una tribu porque sabían que de lo contrario no sobrevivirían. Es posible que ambos escenarios sean el caso. Algunos pueden haber sido retirados, y los que se quedaron atrás podrían haberse dirigido al oeste para ver si alguno de los pueblos nativos se apiadaría de ellos.

Es probable que los colonos que sobrevivieron se unieran a los nativos americanos y aprendieran a vivir vidas completamente diferentes. Los artefactos ciertamente sugieren que este fue el caso. Muchos de los colonos habían estado buscando una nueva vida, y aunque esto podría no haber sido lo que tenían en mente, ciertamente era nuevo. Independientemente de dónde terminaron, también está claro que se integraron en las culturas donde se encontraron. Incluso si los nativos americanos los hubieran tomado como esclavos, los esclavos tenían una existencia completamente diferente de lo que los europeos eventualmente introducirían en el continente. Los esclavos se convirtieron en parte de las tribus y las naciones y eventualmente serían incluidos en la toma de decisiones, e incluso podrían casarse con miembros de la tribu. Es probable que la gente de la Colonia Perdida se adaptara adecuadamente que cuando los europeos intentaron descubrir qué les sucedió, no pudieron encontrarlos. Después de todo, si los pueblos nativos ayudaron a asegurar su supervivencia, tenía más sentido permanecer con ellos que reunirse con más colonos que no sabían cómo sobrevivir en el Nuevo Mundo. Como los europeos consideraban que los nativos estaban muy por debajo de ellos, a algunos les pareció imposible que las personas civilizadas eligieran aceptar lo que los europeos habrían considerado una vida de menor grado. Al no haber experimentado las dificultades o enfrentarse a la muerte, fue fácil fingir que la solución evidente no era cierta. Esto significa que muy probablemente no analizaron seriamente la posibilidad de que los europeos se hayan unido por completo a los nativos americanos. Pasarían casi dos décadas antes de que Inglaterra intentara establecer otra colonia. Después de tantos años, cualquier persona sobreviviente de la Colonia Perdida probablemente recordaría esa vida como una vida completamente diferente. Es poco probable que hubieran querido comenzar de nuevo con más colonos que no tenían la experiencia o el conocimiento que la gente de la Colonia Perdida había adquirido al asimilarse con los pueblos nativos del continente. También es completamente improbable que incluso hubieran estado al tanto de cualquier nuevo intento de Inglaterra para intentarlo de nuevo.

Capítulo 10 – Pocahontas – Líder, No Princesa

Una de las nativas americanas más legendarias ni siquiera era una adolescente cuando cambió el curso de la historia. Hoy en día, hay muchos mitos e incluso una película de Disney muy inexacta sobre Pocahontas. Ella es una de las dos únicas mujeres nativas americanas de quien todavía su nombre es reconocido en la actualidad. Debido que se casó con un inglés, los Estados Unidos tienden a idealizarla más que a Sacagawea (que era una madre casada cuando ayudó a Lewis y Clarke en su viaje por el continente norteamericano).

Gran parte de lo que la gente cree saber sobre ella se basa en las tendencias de los europeos y los estadounidenses de idealizar los acontecimientos en lugar de recordarlos como eran. Las modificaciones a su historia comenzaron en el siglo XVII, y estos mitos y relatos inexactos se han perpetuado y enriquecido a lo largo de los siglos.

Una Advertencia Rápida

La verdad del hecho no solo es completamente incierta, sino que puede que ni siquiera haya sucedido. Cuando los colonos llegaron a Virginia, los pueblos nativos no tenían ningún idioma escrito. Todo lo que ha pasado a través de los tiempos está del lado de los colonos, y eran propensos a la exageración y a inventar historias. La verdad puede ser más anormal que la ficción, pero la supervivencia básica es bastante aburrida de leer. En un intento de hacer que sus hazañas parecieran más dignas para la gente en Inglaterra, los colonos inventaron historias de eventos que no demostraron que eran los aventureros que afirmaban ser. No hay duda de que sobrevivir en un nuevo continente fue increíblemente difícil, especialmente para las personas que vivían en Inglaterra y tenían poca o ninguna idea de cómo era vivir en la naturaleza o lo difícil que era crear algo desde cero. Como no podían entender el Nuevo Mundo antes de llegar, sabían que las personas en su país no entenderían las luchas por las que pasaban todos los días. Entonces se agregó el drama para hacer que sus historias fueran más estremecedoras, sus hazañas más impresionantes y las situaciones poco realistas.

La historia contada por el capitán John Smith fue sin duda realzada. Incluso es posible que todo haya sido inventado y que nunca haya sido necesario que una mujer lo salvara de la ejecución. Dado que los Estados Unidos emprendieron una cruzada inmoral contra los pueblos nativos en los años posteriores a la creación de la historia, y los pueblos nativos no pudieron registrar su versión del evento, no hay forma de verificar ninguno de los hechos de la historia que Smith contó. Quizás sea solo otra historia con solo algunos indicios de hechos mezclados.

Una Historia Original

Cualquiera que sea el motivo detrás de la narración de la historia de Smith, la leyenda de Pocahontas se ha convertido en la historia original de los Estados Unidos. Está hecha para ser una heroína que salvó no solo a John Smith de la ejecución, sino a todo Jamestown de la destrucción. Sin su intercesión, el acuerdo hubiera fallado. Así es como se ha contado la historia.

La ubicación estaba en James Fort a lo largo del río James. El fuerte original hace tiempo que estaba inservible y se construyeron nuevas casas y ubicaciones sobre él porque fue construido originalmente hace 400 años. Ha habido recreaciones, pero algunos creen que el sitio original, o lo que quedaba de él, solo fue erosionado por el río. Basado en mapas y hallazgos científicos, solo una parte de la fortaleza fue arrasada.

John Smith se convirtió en un soldado inglés porque no quería ser agricultor o comerciante. Como soldado, fue capturado y se convirtió en esclavo. Escapó y regresó a Inglaterra, donde se convirtió en aventurero.

A los 27 años, se convirtió en uno de los 100 hombres que viajaron al Nuevo Mundo. A su llegada, fueron atacados por los pueblos nativos. Los colonos eran altamente calificados en sus respectivos campos para que pudieran convertir una operación en una ganancia en un corto período de tiempo. El plan había sido que los ingleses intercambiaran alimentos en lugar de perder el tiempo en la agricultura, por lo que no estaban preparados para tener que mantenerse en el Nuevo Mundo. En lugar de herramientas agrícolas, tenían baratijas baratas y trozos de cobre destinados a ser intercambiados por la comida que necesitaban. Los hombres se pusieron a trabajar rápidamente tratando de obtener ganancias para las personas que proporcionaron dinero para el viaje. No cultivaron relaciones saludables con los pueblos nativos que el plan había confiado en ellos para garantizar su supervivencia. La escaramuza inicial entre los colonos y los nativos no estableció un tono positivo, y dentro de los cuatro meses posteriores a su llegada, el comercio había sido esporádico en el mejor de los casos, y sus relaciones con los nativos fueron mucho más hostiles que útiles. A medida que se acercaba el invierno, era demasiado tarde para cultivar los alimentos que necesitaban. En septiembre de 1607, estaban prácticamente sin la fuente de alimentos que habían traído con ellos. Solo 46 de los 100 hombres originales que habían viajado al Nuevo Mundo todavía estaban vivos.

Con la esperanza de encontrar nativos que intercambiaran los artículos baratos que habían traído con ellos, Smith viajó río arriba. En diciembre de 1607, dejó su embarcación con un guía nativo. Fueron atacados y los nativos lo mantuvieron cautivo durante varias semanas o un mes. Sus captores fueron los Powhatan, estimados en alrededor de 15,000 personas que siguieron al Jefe Powhatan. Smith fue llevado ante el jefe, y su admiración por lo que llamó un salvaje se expresó en sus escritos. A pesar de considerar a la gente como salvajes, Smith parecía haberlos visto al menos como iguales, y los tenía asombrados, a diferencia de los colonos que vendrían más tarde.

Cuando Smith conoció al jefe, una joven estaba presente, y su nombre era Amonute. El nombre de Pocahontas era el nombre que obtuvo cuando se mudó a la casa de su padre. El nombre tiene algunas traducciones diferentes, incluyendo "juguetón" y "niño con mal comportamiento", que ponen el encuentro en una luz completamente diferente de lo que se ve hoy. No mayor de 12 años cuando Smith fue llevado ante su padre, Pocahontas todavía era una niña, incluso para los estándares del siglo XVII (tanto nativos americanos como ingleses). Teniendo en cuenta el hecho de que Smith no escribiría sobre ese encuentro hasta 17 años después, es fácil cuestionar no solo la precisión sino toda la historia que relató.

De acuerdo con el relato que contó tanto tiempo después del evento, Powhatan había decidido ejecutarlo. Relató cómo habían colocado su cabeza sobre una roca, con muchas personas tocándolo y obligándolo a ponerse en posición. Prepararon sus palos y armas para golpear su cabeza. Antes de que alguien pueda atacar, se dice que Pocahontas colocó sus brazos alrededor de su cabeza y colocó su propia cabeza sobre la suya para protegerlo de la ejecución.

También es posible que simplemente haya entendido de manera incorrecta la tradición de los Powhatan porque no hablaba su idioma. Lo que sucedió podría haber sido parte de una ceremonia u otra tradición. Smith mismo relató que lo hicieron beber agua y lavarse las manos antes del evento, pareciendo ser cordial. Incluso reconoció cuán furioso se veía el jefe durante la reunión, y los europeos creían que la gente era salvaje. Sus suposiciones sobre lo que estaba sucediendo pueden haber llevado a una descripción completamente inexacta de lo que realmente sucedió. Incluso después de cientos de años en el mismo continente, los estadounidenses aún no comprenden las costumbres de los nativos americanos, por lo que es tan probable como cualquier otra posibilidad. Smith no intentó atribuir ningún motivo a Pocahontas; eso fue hecho por otros más tarde. En Inglaterra y Europa, la mayoría de las mujeres todavía eran tratadas como propiedad, y muchas no podían entender que una mujer hiciera algo por un hombre sin que hubiera un sentimiento romántico. A pesar de ser gobernada por una reina, incluso los ingleses no creían que las mujeres fueran capaces de lograr mucho. A menudo se postula que una de las razones por las que la reina Isabel no se casó fue porque no quería responderle a un hombre o perder el poder que tenía al casarse. Si se hubiera casado, su marido habría sido el que estaba en el poder, y se habría esperado que fuera solo su esposa, a pesar de que ella era la gobernante legítima. No es de extrañar que no pudieran ver ninguna otra razón más allá de un interés romántico, a pesar de que Pocahontas todavía era una niña.

Los nativos americanos no tenían la misma visión misógina de las mujeres. Habría aprendido mucho al observar a su padre y habría sido incluida en las negociaciones y decisiones del jefe. Las mujeres podían convertirse en jefes, por lo que si realmente actuaba como Smith sugirió, era muy probable que tuviera un impulso político. Dado que es imposible saber si ocurrió este hecho, existen pocas razones para especular al respecto. Sin embargo, dado que es imposible detener la especulación, es una idea recomendable tratar de obtener mejores explicaciones que el interés romántico vano entre una niña y un hombre a punto de cumplir 28 años.

Según la propia descripción de Smith de Pocahontas, ella era muy justa. Relató cómo la gente del Jefe Powhatan afirmó que ella era una niña brillante que tenía un espíritu audaz. Todos parecían tener grandes esperanzas en ella y la trataban con respeto, no solo porque era la hija del jefe, sino también por sus propios méritos y habilidades.

Dado que nadie en Inglaterra podría refutar sus afirmaciones, es posible que Pocahontas le haya causado una muy buena impresión en ese momento. Según sus descripciones acerca de ella, particularmente su apariencia, diciendo que era más atractiva que cualquier otra mujer en el continente, es posible que Smith tuviera mayor interés romántico. Esto podría haberle hecho escribir un relato completamente ficticio que mostraba que ella lo había salvado. Además, estaba tratando de vender sus memorias, y agregar un elemento de una historia de amor atraería más atención que si fuera solo una historia de aventuras.

También es posible que su tiempo entre los nativos le mostrara no solo cómo eran más que salvajes, sino que le enseñó un aprecio mucho más profundo por las mujeres. Las mujeres nativas americanas eran mucho más obstinadas y respetadas por los hombres que las mujeres europeas en ese momento. Debido a que eran más libres, estas mujeres habrían aparecido más fuertes, más capaces e inteligentes. Su propio asombro por la chica podría haberle hecho querer mostrar cuán increíble era ella, y cualquier cosa que no sea salvarle la vida probablemente no lo hubiera impresionado en Inglaterra.

Una de las razones por las que la idea del romance se ha perpetuado durante siglos es porque es increíblemente halagador para los ingleses. La misma historia de Pocahontas no es popular entre los descendientes de los nativos americanos, lo que indica que la historia fue probablemente más ficción. Sin embargo, dado que fue halagador para uno de los primeros colonos, los estadounidenses han optado por impulsar la idea a lo largo de los siglos. Muestra que una mujer hermosa e inteligente estaba unida a esta recién llegada a pesar de todas las dificultades, al igual que *Romeo y Julieta*. Sin embargo, dada su edad, esta es en realidad una explicación bastante inquietante de atribuir atracción como la única razón para que una joven actúe de la manera que lo hizo. Si los eventos ocurrieron de la manera en que

Smith relató, existen muchas razones potenciales, y la atracción no estaba en la delantera de la lista de posibilidades. Estaba descuidado y herido al recibir un disparo en la pierna con una flecha durante su captura, además de ser lo que se habría considerado un anciano para alguien que no tenía más de 12 años. Un preso viejo y descuidado probablemente habría sido tan poco atractivo a una niña de 12 años en 1609 como lo sería hoy a una niña de 12 años.

Lo que se Conoce

Pocahontas se casó con un guerrero de su pueblo llamado Kocoum. Sin embargo, el matrimonio probablemente se disolvió porque los ingleses la capturaron alrededor de 1612 o 1613. Como los colonos se aliaron con una de las tribus que tenían una conexión dudosa con el jefe, la engañaron para que abordara su barco. Tomándola como rehén, la usaron para intentar obtener la liberación de algunos de sus propios hombres de su gente. Cuando el Powhatan se negó, los ingleses la retuvieron.

Mientras estaba en cautiverio, la convirtieron al cristianismo, si lo hizo voluntariamente o no, es definitivamente discutible. La bautizaron y la renombraron Rebecca. Poco más se sabe sobre el año en que la mantuvieron cautiva, aparte del hecho de que conoció a John Rolfe durante ese tiempo. Cuando estalló la violencia nuevamente a principios de la primavera de 1614, Pocahontas fue enviada a hablar con su padre con la esperanza de que fuera un movimiento diplomático exitoso. Durante ese tiempo, ella afirmó que preferiría quedarse con sus captores que regresar con él.

John Rolfe se había enamorado de Pocahontas. Después de haber perdido a su primera esposa e hijo durante el cruce hacia América del Norte, parecía que estaba listo para encontrar una nueva esposa. Le preguntó al gobernador si podía casarse con Pocahontas, expresando un profundo amor por ella y un deseo de salvar su alma a través de un matrimonio cristiano. La solicitud fue aprobada y se casaron el 5 de abril de 1614. No hay constancia de cómo ella se sintió con respecto al matrimonio.

Vivían en su granja, y dos años después ella tuvo un hijo que se llamó Thomas Rolfe. El hecho de que ella permaneciera cerca y que su vida pareciera estable ayudó a construir un período de paz entre los colonos y los nativos. Al ver una oportunidad para demostrar que estaban "domesticando a los salvajes", los ingleses decidieron enviar a Pocahontas a Inglaterra, y ella, su esposo y su hijo llegaron en 1616, junto con algunos otros nativos. Naturalmente, la describieron como una princesa, aunque ciertamente no lo era, y atrajeron más atención y elogios por la afirmación. Sin embargo, también significaba que fue tratada de buena manera en Inglaterra. Murió poco después de regresar a casa de una enfermedad que contrajo en el barco.

Hasta que se estrenó la película de Disney, en realidad era algo difícil lograr que los nativos americanos de la región la cuestionaran debido a la frecuencia con la que los europeos y los estadounidenses la mencionaron. Aunque la versión de Disney era descabellada y descaradamente inexacta (ciertamente no era una joven exuberante), en realidad se centró en Pocahontas en lugar de en John Smith. Esto ayudó a revitalizar la discusión cuando los Powhatans actuales se percataron de que debían presentar su versión de la historia después de siglos de ficción de Smith que domina los registros históricos. Es difícil saber exactamente cómo se sentían los Powhatans antes del lanzamiento de la película, ya que generalmente suspiraron y mostraron disgusto cuando se les preguntó por ella. No se inclinaban a discutir su lado de la narrativa hasta que ella fue retratada no como una mujer enamorada de Cook, sino como una mujer fuerte por derecho propio que podía elegir lo correcto por razones más allá del romance. Aunque la película es increíblemente inexacta, claramente no es un peón de ella. Esto podría haber ayudado a facilitar el debate, ya que la forma de pensar de los estadounidenses comenzó a cambiar sobre la historia detrás de la leyenda.

Capítulo 11 – El Verdadero Acción de Gracias – El Mito Versus la Realidad

Con los años, se ha creado una cierta narrativa sobre lo que sucedió en la primera celebración de Acción de Gracias. La versión altamente idealizada de la historia describe a los peregrinos sentados con una tribu indígena nativa desconocida, celebrando una coexistencia pacífica con una comida abundante. Los peregrinos agradecieron la ayuda de los pueblos nativos porque no habrían sobrevivido sin su amabilidad.

Una mirada a la historia real demuestra que poco del sentimiento atribuido a la época es realista. Si bien los peregrinos probablemente no habrían sobrevivido sin la ayuda de los nativos americanos, su gratitud se correlacionó directamente con la cantidad de ayuda que necesitaban. El hecho de que la gente de raza blanca ahora reside en el área y ninguno de los territorios está ocupado por los pueblos nativos dice mucho acerca de cómo se sentían los colonos reales sobre los nativos americanos.

El Surgimiento del Mítico "Primer Día de Acción de Gracias"

Como señaló un historiador, si los peregrinos supieran cómo se celebra actualmente el Día de Acción de Gracias, con carrozas y bebidas, serían apopléticos. Lo que hoy se considera una versión familiar no habría sido visto de esa manera por los colonos originales. Al representar a los nativos como tratados como iguales a los peregrinos que necesitan su ayuda para sobrevivir, existe muy poco en común sobre la forma en que se celebra actualmente que los peregrinos no se habrían resentido.

Hoy, el Día de Acción de Gracias estadounidense ocurre en noviembre. Por lo menos, este parece ser un momento lógico para las celebraciones solo porque la mayoría de las personas no entienden cuándo se producen las cosechas. Las personas retiradas de la agricultura y la temporada de cosecha del noreste consideran que noviembre es el momento en que los agricultores terminan de cosechar los beneficios de la siembra de primavera. Esto muestra cuán lejos de la agricultura está la mayoría de las personas.

La siguiente es la idea de que los peregrinos invitaron a los nativos americanos o que los europeos estaban de alguna manera controlando la comida. Dado que sabían poco o nada sobre la supervivencia en un área silvestre (no estaban acostumbrados a lo que se necesitaba para sobrevivir, ya que venían de un área en Inglaterra donde tenían casas que ya estaban construidas y alimentos más fácilmente disponibles y campos establecidos para la agricultura), los peregrinos realmente no tenían idea de lo que estaban haciendo. Sin los nativos, no habría habido suficiente comida para que los peregrinos comieran, y mucho menos lo suficiente para compartir con los demás.

Las imágenes de los dos grupos de personas, divididas de manera uniforme, sentadas en una mesa extensa con pavo como alimento principal, están claramente hechas para niños, no para adultos lógicos. Teniendo en cuenta lo mal preparados que estaban los peregrinos para la vida en el Nuevo Mundo, la idea de que tenían mesas extensas que usaban para cenar es cómica. Tenían mesas, pero nada que pudiera haber manejado un banquete o una gran comida.

Una de las muchas piezas de propaganda perpetuadas a lo largo de los siglos es que los pueblos nativos estaban asombrados de la "tecnología avanzada" y las habilidades de los ingleses. Esta sugerencia también es muy cómica teniendo en cuenta que los peregrinos probablemente habrían sufrido el mismo destino que la gente de Roanoke sin la amabilidad y la piedad de los pueblos nativos.

Quizás el mito más lamentable con respecto al primer Día de Acción de Gracias es que estableció una confianza mutua entre los dos pueblos. Esto está lejos de ser cierto, y la historia real debería haber enseñado a los pueblos nativos a no ayudar a las personas que llegaban de Europa, ya que no eran apreciativos ni respetuosos, sin importar cuánto les ayudaran los nativos.

Lo Que Realmente Sucedió

Para empezar, el Día de Acción de Gracias canadiense probablemente esté mucho más cerca de cuando ocurrió el primer Día de Acción de Gracias. En el noreste, los cultivos se cosechan a finales de septiembre o principios de octubre. Por lo general, ya hay nieve en el suelo a finales de noviembre, cuando Estados Unidos lo celebra. Ya no es otoño, es invierno y no es un momento para que la gente coma en las mesas afuera.

Como se observó con algunos de los primeros asentamientos, no todos los pueblos indígenas aceptaban a las personas que llegaban en barcos. Del mismo modo que no estaría satisfecho con que alguien decidiera repentinamente que parte de su jardín les pertenece porque tienen un "derecho divino", muchos nativos eran cautelosos o incluso abiertamente hostiles a la llegada de los colonos. Algunos pueblos nativos se compadecieron de las personas mal preparadas, claramente desprevenidas de Inglaterra, y ayudaron y les enseñaron algunas de las cosas que necesitaban saber. Sin embargo, la idea de que celebren como el mito es claramente inexacta. Si era cierto que los peregrinos habían logrado acumular comida suficiente para un festín, eso era una sorpresa, y no era algo que realmente planearan. Habrían invitado a los pueblos nativos a disfrutarlo sin darse cuenta de cuán inadecuada era la cantidad de comida para una celebración con personas adicionales. Los Wampanoag, que tuvieron la amabilidad de ayudar a los peregrinos a sobrevivir, se encargaron de gestionar las festividades y la comida. Había aproximadamente el doble de ellos que de los peregrinos. También trajeron la comida principal, cinco venados de gran tamaño, ya que aproximadamente 100 miembros de la tribu llegarían para la comida.

En ausencia de mesas extensas, y ciertamente una escasez de la cantidad de sillas requeridas, es probable que el primer Día de Acción de Gracias no fuera muy diferente a como es hoy en términos de personas que esperan esperando que la comida esté lista. Probablemente comieron la comida de los asadores como estaba hecha. Dado que los tenedores no se usaron popularmente en la Europa "civilizada" hasta mediados y finales del siglo XVII (fueron utilizados por la gente del Imperio bizantino y Medio Oriente desde el siglo XI, pero no fueron aceptados como utensilios para comer en Italia hasta siglos después, y aún siglos después en Francia e Inglaterra), tanto los nativos como los peregrinos comieron con cuchillos y dedos, probablemente de pie.

Los pavos probablemente fueron parte del primer Día de Acción de Gracias, pero la comida principal fueron los cinco venados que trajo el Wampanoag, con pato, pescado y gansos como las principales carnes antes de la llegada del venado. Además, los peregrinos no eran abstemios, y disfrutaban de la cerveza durante la comida. Este alcohol habría sido hecho de la cebada que cosecharon. Esto muestra que al menos el consumo de alcohol es en realidad una tradición certera para el Día de Acción de Gracias.

Los Wampanoag no solo no se sintieron asombrados por los peregrinos, sino que los vieron en gran medida como niños impredecibles que intentaban actuar en grande. La gente llegó a una nueva tierra sin idea de cómo sobrevivir. Si bien tenían ropa más duradera y armas superiores, sus habilidades de supervivencia eran comparables a las de los niños de primaria que ni siquiera tienen suficiente comprensión del mundo para darse cuenta de lo poco que saben.

La celebración fue más similar al Festival de Maíz Verde de los pueblos nativos y los festivales tradicionales de cosecha de los europeos. Como hoy, fue principalmente una celebración secular de su capacidad de sobrevivir en las nuevas tierras. Solo un par de años después, la celebración adquirió un tono más religioso, ya que los peregrinos sufrieron una grave sequía que amenazaba con dejarlos morir de hambre en el invierno. Una cantidad significativa de lluvias puso fin a la sequía de verano, y se sintieron obligados a rezar gracias a su dios por librarlos de una situación potencialmente devastadora. Dado cómo habían tratado a los nativos después del primer Día de Acción de Gracias, posiblemente habrían muerto sin las lluvias, ya que muchos de los nativos probablemente no los ayudarían en ese momento.

La paz entre los dos pueblos era tentativa en el mejor de los casos. Ninguna de las partes confiaba en la otra incluso después de la celebración. Los peregrinos veían a los nativos como salvajes (aunque para ser justos, veían que los ingleses solo eran un poco mejores debido a su fanatismo religioso), y los nativos no confiaban en los recién llegados que claramente los despreciaban a pesar de no poder sobrevivir por su cuenta. En unos pocos meses, los peregrinos mataron al jefe de un pueblo cercano y colocaron su cabeza en un poste fuera de su asentamiento, dejándola allí durante años. Muestra que siempre hubo tensiones y sospechas entre los colonos y los nativos. La forma en que se describe el Día de Acción de Gracias actualmente hace que las personas se sientan más cómodas, pero no aborda los problemas que existían en ese momento y que continúan hoy en día.

Capítulo 12 – La Participación de los Nativos Americanos en la Guerra por la Independencia

Cuando la gente piensa en la Revolución Americana, aparecen muchas imágenes. Algunos piensan en Paul Revere a caballo por la ciudad; otros imaginan a George Washington cruzando el Delaware, y, aun así, otros imaginan a los Padres Fundadores discutiendo cómo querían que se gobernara su nuevo país. Quizás viene a la mente la Masacre de Boston, un epíteto que es mera propaganda porque era más una escaramuza que cualquier otra cosa. Pero lo que falta en esas imágenes es el papel de las personas que tenían más que perder si tomaban partido.

Dos Estilos de Lucha Completamente Diferentes

Europa había desarrollado una forma de guerra muy distintiva, una que implicaba alinear a las tropas en los extremos opuestos del campo de batalla y enviarlas al campo para participar en la batalla. Cuando no peleaban, los soldados caminaban en línea y se suponía que debían seguir el paso con un ritmo establecido. Esto era cierto incluso en las colonias. Cuando los ingleses y los franceses lucharon para obtener el control de sus tierras "reclamadas" en el Nuevo Mundo, todavía utilizaron este método de guerra. Pero ambas partes también utilizaron pueblos nativos para lograr sus objetivos. Los franceses parecían estar más dispuestos a adoptar un enfoque más "primitivo" porque querían pruebas del éxito de los nativos que los ayudaron a luchar contra los ingleses. Solicitando que los nativos trajeran partes de los cuerpos de los que mataron. Si bien hubo nativos americanos que practicaban el scalping, los europeos lo alentaron o lo requirieron para sus propios fines. Teniendo en cuenta que los europeos dejarían restos para que los nativos los vieran, sus prácticas no podían verse como más civilizadas que las prácticas que criticaban por tener a los pueblos nativos.

Aun así, el método de lucha en Europa tenía sentido para grandes porciones de las Islas Británicas y Francia. Tenían grandes extensiones de tierra muy abierta. Siguiendo el modelo establecido por los romanos, intentaron aplicar la lógica y el orden a algo inherentemente caótico e ilógico.

El método de lucha de los nativos americanos era mucho más realista, dada la naturaleza de la guerra y el paisaje boscoso de América del Norte. Utilizaron su entorno para su ventaja, escondiéndose detrás de los árboles y usando sus habilidades superiores de caza para rastrear a su enemigo. Su método consistía en trabajar en las sombras para obtener superioridad informativa sobre sus homólogos altamente estructurados y menos informados en el ejército europeo. Este fue el método que los colonos adaptaron, incluso cuando los nativos no se pusieron de su lado.

El Fin de una Guerra...

Para un pueblo que se consideraba civilizado, Francia e Inglaterra parecían estar en perpetuo estado de guerra. Ahora que tenían sus reclamos ilegítimos de tierras en América del Norte, había una razón más para que las dos naciones continuaran tratando de saciar su sed de sangre en una nueva frontera. La búsqueda de más poder y dominio los llevó a enviar hombres a la muerte por tierras que no pertenecían legítimamente a ninguno de los dos países en guerra. La creencia cristiana de "poner la otra mejilla" se corrompió claramente en más de un "ojo por ojo" que las enseñanzas pacifistas del Jesús que afirmaban seguir.

Las tensiones entre británicos y franceses se construyeron a principios del siglo XVIII y finalmente estallaron en la Gran Guerra del Imperio durante la década de 1750 y continuaron hasta la década de 1760.

Hasta este punto, los nativos americanos, que habían estado muriendo en cantidades alarmantes debido a los europeos portadores de enfermedades, se vieron obligados a elegir bandos o quedar atrapados en medio de la lucha entre dos potencias extranjeras en sus tierras. Habían podido incitar a los dos países a tener pequeñas batallas y discusiones, lo que proporcionó un amortiguador para los pueblos nativos. Dado que los británicos y los franceses se odiaban tan abiertamente, ignoraron a los pueblos indígenas o pidieron la ayuda de los nativos en su lucha contra la otra nación.

Los británicos incluso crearon un puesto, Superintendente de Asuntos Indígenas, para trabajar con nativos, principalmente contra los franceses. Los británicos se dieron cuenta de que necesitaban la ayuda de los nativos, al igual que los franceses.

No importa cuál lado ganó, fue una guerra de derrota para los nativos americanos. El resultado final fue que una de las dos potencias extranjeras sería expulsada de la tierra. Esto permitiría que la nación restante volviera su atención al único otro enemigo restante: los pueblos indígenas, las únicas personas con un reclamo legítimo de la tierra.

Los británicos ganaron, y los franceses fueron expulsados en gran medida de las regiones costeras. La guerra había durado aproximadamente una década y era muy costosa para Inglaterra. Al afirmar que habían hecho un favor a los coloniales al forzar a los franceses a salir del Nuevo Mundo, el monarca británico comenzó a imponer controles más estrictos sobre los coloniales, así como a imponer impuestos más altos. Los coloniales no tenían voz en nada de esto, y estaban indignados por la falta de representación en el gobierno de la isla gobernante que estaba a un océano de distancia de ellos. El resentimiento entre los coloniales y el gobierno británico creció.

Esto no solo ofreció una forma de mantener a una potencia extranjera en guerra, esta vez consigo misma, también había esperanza de que si los coloniales ganaban, los nativos americanos tendrían más comprensión de su causa. Después de todo, los coloniales solo habían ganado un punto de apoyo porque los nativos americanos los habían ayudado a adaptarse a la nueva tierra. Hubo relaciones e interacciones más estrechas entre los pueblos nativos y los invasores que entre los pueblos nativos y las personas que habían permanecido en su isla (Gran Bretaña). Sin embargo, al igual que algunos coloniales del lado de los británicos, algunos nativos americanos también ayudaron a la corona. consideraron su acuerdo como estar del lado del gobierno británico, no con un grupo advenedizo de personas que parecían querer seguir luchando.

Sin embargo, los ingleses también afirmaron que tenían soberanía sobre los nativos americanos, algo con lo que los nativos claramente no estaban de acuerdo. Al darse cuenta de que los nativos americanos entendían los tratados y no eran tan guerreros como los ingleses y los franceses, el gobierno inglés utilizó continuamente los tratados para obtener lo que deseaban. Los tratados fueron vistos como un acuerdo entre iguales, no como pueblos indígenas subordinados o bajo el gobierno inglés. Desafortunadamente, los colonos no seguían con frecuencia esos tratados y constantemente infringían las tierras de los nativos. Una vez más, parecía que no había bandos ganadores para los pueblos nativos porque ni los ingleses ni sus colonias rebeldes podían confiar.

Luego, en 1774, los ingleses le dieron a muchos pueblos nativos una razón más para no confiar en el gobierno inglés y su capacidad para honrar sus tratados. Cuando los franceses fueron expulsados, dejaron Fort Pitt y el área a su alrededor. Al ver una forma de respaldar los reclamos establecidos en la carta de Virginia, Lord Dunmore se apoderó del fuerte, que estaba en un territorio protegido por tratados. La guerra de Lord Dunmore fue el resultado. Habiendo tomado tierras para Virginia y la corona que era parte de las tierras protegidas de Delaware y Shawnee, las dos tribus naturalmente atacaron a los británicos invasores. El pueblo mucho más extenso de los iroqueses pronto se unió para ayudar a sus tribus más reducidas. Cuando los ingleses trataron de evitar que los iroqueses se involucraran profundamente, señalando que existía una "Cadena del Pacto que subsistía entre nosotros", los iroqueses legítimamente exigieron saber por qué los británicos ignoraban ese pacto, así como ignoraban los tratados más antiguos. La paz se restableció más tarde ese año, y también continuaron las diferencias entre los agraviados Shawnees y los virginianos. Después de eso, los ingleses fueron más cuidadosos al garantizar que los coloniales no invadieran las tierras de los pueblos nativos. Sin embargo, no había garantía de que la corona siguiera siendo exitosa, ya que los coloniales comenzaron a estar cada vez más insatisfechos con la cantidad de leyes e impuestos que se les imponían sin tener nada que decir sobre el asunto.

...Y el Comienzo de Otra

Cuando estalló la Guerra de la Independencia, ni los ingleses ni los colonos querían pedirles a los pueblos indígenas que se unieran a ellos. Ambas partes afirmaron que querían que los nativos americanos se mantuvieran neutrales porque no era su lucha, era otro conflicto violento de personas que parecían preferir la guerra a la paz. Afirmaron que no querían involucrar a los nativos.

Por supuesto, lo que dijeron oficialmente y lo que realmente hicieron no fue lo mismo.

George Washington fue el primero en llevar oficialmente a los nativos americanos a la guerra cuando reclutó a unos pocos nativos de la región noreste para que fueran pistoleros. Esto sucedió en el invierno de 1774-1775. Cuando los británicos se enteraron de la inclusión de los nativos en Washington en 1775, utilizaron esa acción como justificación para atraer a un grupo mucho más grande de pueblos nativos a su lado. El comandante británico le indicó al superintendente de Asuntos Indígenas en la región sureste que comenzarían a involucrar a los nativos americanos tan pronto como hubiera una oportunidad para hacerlo. Para el verano de ese mismo año, los coloniales habían hecho algo similar, y en gran medida se convirtió en una competencia para ver qué lado podría convencer a los nativos americanos de confiar y ayudarlos en una lucha en la que ellos mismos habían afirmado que los nativos no deberían ser atraídos

Para el verano de 1776, ambas partes estaban tratando de ganarse la confianza y una alianza con las naciones más poderosas del noreste, los iroqueses. Ambas partes trataron de ofrecer a los nativos lo que pensaban que deseaban los nativos americanos. En un mensaje del colono Ethan Allen de Vermont, buscaba que los iroqueses:

> Párense juntos, juntos, clasifiquen y archiven, y mis hombres pelean, así que como Indios, quiero que sus Guerreros se unan a mí y a mis Guerreros como Hermanos y embosquen a los Regulares, si lo desean, les daré Mantas de Dinero, Cuchillos Tomahawks y Pintura y similares [...] (La guerra ocurrió antes de la estandarización de la ortografía y la puntuación).

Aproximadamente al mismo tiempo, los británicos ofrecían a los nativos "darse un festín con un bostoniano y beber su sangre". Entendiendo que los iroqueses no eran caníbales, los británicos ofrecieron un buey asado y vino en lugar del cuerpo y la sangre de un bostoniano.

Inicialmente, los iroqueses descubrieron que ambas partes no estaban inspiradas. Como lo expresó uno de los guerreros seneca sucintamente:

> No hemos vivido en paz con ellos durante mucho tiempo y decidimos continuar haciéndolo mientras podamos; cuando nos lastimen, es hora de golpearlos.

Es cierto que han invadido nuestras tierras, pero de esto hablaremos con ellos. Si eres tan fuerte Hermano, y ellos como un Niño débil, ¿por qué pedir nuestra ayuda? Es cierto que soy alto y fuerte, pero reservaré mi fuerza para golpear a los que me hieran. Si tienes tantos Guerreros, Polvo, Plomo y Productos, y son muy pocos, sé fuerte y haz un buen uso de ellos. Dices que su Polvo está podrido. Nos ha parecido bueno. Dices que están todos locos, tontos, malvados y engañosos. Digo que lo eres y que son sabios porque quieres que nos destruyamos en tu guerra y nos aconsejan que vivamos en paz. Su consejo tenemos la intención de seguir.

Esta respuesta podría haberse dado a ambos lados, ya que ninguno de los dos sabría que el otro se acercó a los iroqueses si los iroqueses no se unieran a la guerra. Los nativos americanos querían que las dos partes en guerra se apegaran a sus principios. Ambas partes reconocieron que los nativos no tenían lugar en la guerra, pero ambos estaban tratando de ganar a los pueblos nativos a su lado. Era bastante obvio que ambas eran engañosas, lo cual era una razón más para no ayudar a ninguna de las partes.

Desafortunadamente, hubo divisiones dentro de la Nación Iroquesa, y finalmente fueron arrastrados a la Guerra de Independencia después de que un Mohawk regresó de Inglaterra, luego de haber sido tratado correctamente. Convenció a cuatro de las seis tribus para unirse a la corona, ya que creía que la corona honraría a los nativos americanos más que a los coloniales. Las dos tribus que no aceptaron unirse a la guerra terminaron luchando del lado de los coloniales en la batalla de Oriskany, y los pueblos de la tribu Iroquesa terminaron matándose en una guerra a la que no deberían haberse unido. Sufrieron grandes pérdidas de sus guerreros durante la batalla de 1777.

Los ingleses presionaron desde Canadá, y una joven fue asesinada. Los coloniales usaron propaganda de este hecho para afirmar que los británicos estaban volviendo a los salvajes contra ellos y que los salvajes ahora estaban matando indiscriminadamente, algo que los americanos estaban mucho más inclinados a hacer tanto durante la Guerra de la Independencia como durante su trato deshonroso de los pueblos nativos. Por ejemplo, cuando Washington hizo retroceder a los británicos, él y sus hombres adoptaron un enfoque de tierra quemada, destruyendo por completo las tierras nativas en las que no deberían haber estado en primer lugar. Cuando el primer presidente del condado negoció con el líder del pueblo seneca en 1790, el líder señaló la predilección de Estados Unidos por cometer los crímenes que, según ellos, eran violentos. En la reunión, le indicó a Washington: "Cuando su ejército ingresó al país de las Seis Tribus, lo llamamos Destructor de la Ciudad; y hasta el día en que se escucha ese nombre, nuestras mujeres miran detrás de ellas y palidecen, y nuestros hijos se aferran al cuello de sus madres".

Sin embargo, fueron los nativos americanos en las regiones del sur quienes tenían sustancialmente más poder en comparación con los de la región norte. Se estima que había aproximadamente 14.000 guerreros entre las principales naciones de la región, y lograr que estos guerreros se unieran a un lado claramente proporcionaría una ventaja a cualquiera que pudiera persuadirlos. Los nativos americanos en las áreas del sur tenían tratados similares en su lugar que aquellos con los británicos en el norte, y estaban igualmente (y justificadamente) molestos por la invasión continua en sus tierras y la violación de esos tratados. Una vez más, ambas partes trataron de persuadir a los nativos americanos (particularmente a los cherokee cuya tierra fue invadida con mayor frecuencia) para que no se unieran a ninguna de las partes.

Los soldados británicos, incluidos algunos nativos americanos, de la región noreste viajaron a la región sureste y finalmente persuadieron a los pueblos indígenas de la zona a unirse contra los colonos. Cuando los cherokees fueron persuadidos para luchar contra los advenedizos, la respuesta de los futuros americanos fue tan cruel como cuando los cherokee atacaron a los colonos que invadieron ilegalmente sus tierras. Sin embargo, al igual que los iroqueses, los cherokee sabían lo que iba a suceder y se retiraron para que los colonos mataran a pocos de ellos.

El problema con los futuros americanos que afirmaban que los nativos estaban equivocados es que ellos, los colonos, eran los que ignoraban los tratados y robaban las tierras de los pueblos nativos. Había muchas más razones para que los iroqueses y los cherokee se pusieran del lado de la corona que parecía dispuesta a tratar de mantener a los colonos bajo control. Muchos de estos futuros estadounidenses mostraron poco o ningún interés en mostrar moderación cuando se trataba de robar tierras de los pueblos nativos.

Muchos nativos americanos y tribus se pusieron del lado de las colonias. Trabajaron con los futuros americanos, particularmente a lo largo de la costa. Para aquellos que ya no estaban preocupados por la invasión de los colonos, unirse a ellos era la mejor opción. Para esos nativos, la guerra fue personal. Acordaron con los colonos que los británicos estaban equivocados y tomaron las armas para luchar junto a los coloniales, ya que habían vivido codo a codo con ellos durante más de 150 años.

Por supuesto, los americanos querían mostrar a los nativos como equivocados, pero los nativos siempre lucharon por su forma de vida, lo que no se puede culpar por hacer. Los iroqueses lucharon contra los suyos debido a la división del problema. Sin embargo, esto se pasó por alto casi por completo, y los nativos que se pusieron del lado de los colonos no fueron tratados mejor que aquellos que se pusieron del lado de los británicos.

Cuando quedó claro que los británicos perderían, algunas tribus, como la Cherokee, comenzaron a negociar la paz con los futuros americanos. Algunas tribus optaron por seguir luchando con los británicos y luego abandonaron sus tierras cuando los británicos se fueron en lugar de compartirlas con sus enemigos. Durante las negociaciones de paz entre el nuevo país e Inglaterra, no se mencionó nada de los nativos americanos. Este desprecio flagrante por las personas que habían ayudado a los británicos indignó a varias tribus nativas porque fue visto como una forma de venderlas, a pesar de haber ayudado a los británicos en la guerra. En verdad, no importaba lo que había en el acuerdo; los americanos no se sintieron obligados por nada de lo que dijeron los británicos (o españoles que los habían ayudado y se unieron a las negociaciones de paz).

Si los nativos americanos se hubieran puesto del lado de las colonias (como algunos lo hicieron), no habría beneficiado a los pueblos nativos. Siempre iba a ser una guerra de perder para los nativos americanos porque ninguna de las partes los respetaba como iguales. Quizás si la corona inglesa hubiera ganado, los pueblos nativos habrían sufrido un destino similar al de los indios reales en Asia, con un levantamiento que finalmente obligó a los británicos a salir de la India. Para los pueblos nativos, no había forma de ganar porque la nueva nación creía que tenían derecho a todo lo que podían ver, como lo demostraría el sangriento genocidio de los próximos 100 años.

Capítulo 13 – Sacagawea – La Mujer Detrás de la Leyenda

Mientras que Pocahontas fue vista como la persona que salvó a John Smith, y por ende a los sobrevivientes de Jamestown, Sacagawea es vista como la mujer que guio con éxito a Lewis y Clark a través de la Compra de Luisiana. No fue la única persona que los llevó al oeste, pero generalmente se le otorga crédito por asegurarse de que el viaje fue exitoso. Verdaderamente una mujer increíble, viajó más de la mitad de América del Norte con su hijo pequeño. Sin embargo, ella era más que una guía para los americanos que buscaban explorar las nuevas tierras que habían sido puestas a su disposición.

La Precoz Vida de una Leyenda Americana

Una de las razones por las que Sacagawea fue la guía ideal fue por su vida temprana. Era hija de un jefe Shoshone, pero fue secuestrada cuando solo tenía 12 o 13 años. Los Hidatsa atacaron a su tribu en 1800 y se llevaron a varias niñas de su hogar. Era probable que Sacagawea fuera atacado específicamente como retribución por un ataque anterior que los Shoshone habían llevado a cabo contra los Hidatsa. Se vio obligada a ser la segunda esposa de Toussaint Charbonneau. Era un comerciante de pieles franco-canadiense que vivía con los Hidatsa en Dakota del Norte. Debido a que Charbonneau había convertido a Sacagawea en su esposa, ella obtendría muchas de las habilidades necesarias que la convertirían en un activo para la expedición de Lewis y Clark cuatro años después.

Una Nueva Madre e Intérprete Invaluable

Meriwether Lewis y William Clark sabían que iban a necesitar una guía y un intérprete para viajar desde el borde de los Estados Unidos hasta el otro lado del continente. Dos hombres, Charbonneau y Rene Jusseaume, fueron contratados para servir como traductores para el viaje. Charbonneau había traído a sus esposas con él, y en ese momento Sacagawea estaba embarazada. No se suponía que la joven de 17 años desempeñara un papel importante, ya que su esposo era el que trabajaba para traducir cuando hablaba con el Hidatsa (Jusseaume debía trabajar como traductor de Mandan).

En febrero de 1805, Sacagawea dio a luz a su primer hijo, y fue nombrado después del padre de Charbonneau, Jean Baptiste. Jusseaume parece haberla asistido durante el parto. Lewis parecía haberse interesado en el nacimiento, pero más por simple curiosidad. Dos meses después, el grupo partió, con Sacagawea llevando a su pequeño hijo mientras acompañaba a su esposo y a los hombres en el largo viaje. Las otras esposas de los dos traductores no se unieron al viaje.

Lewis y Clark registraron información sobre el viaje, y de eso, sabemos mucho de lo que sucedió. La creciente cantidad de textos que dedicaron a Sacagawea demostró que aprendieron a apreciar su presencia en el viaje. Era sensata, conocedora y haría un trabajo que la mayoría de la gente ni siquiera se daba cuenta de que era necesario hacer.

A los dos días de abandonar su fuerte, Sacagawea había comenzado a impartir conocimientos vitales a los hombres sobre los alimentos disponibles en las tierras por las que viajaban. Aunque parecían no saber siquiera su nombre, quedaron impresionados por la forma en que ella pudo salir y encontrar abundante comida para ayudarlos a complementar sus suministros. Los detalles se incluyeron en las notas y en los diarios de los dos hombres, asegurando que la historia pudiera analizar minuciosamente el comienzo de uno de los eventos más notables en la historia del país.

Un cambio notable en la forma en que vieron a la única mujer en el viaje ocurrió el 15 de mayo. Uno de sus botes se averió y Charbonneau pareció entrar en pánico. A Pierre Cruzatte se le atribuyó el ahorro de los suministros, pero Lewis agregó que fue Sacagawea quien había guardado muchos de los suministros, en particular las cosas más ligeras que se habían llevado al costado de la nave. El 19 de mayo, nombraron uno de los ríos que encontraron en honor a ella; su asombro por Sacagawea crecía continuamente mientras estaba tranquila y rápidamente atendía las cosas sin pretender o desear el reconocimiento.

Con el tiempo, Clark parecía haber desarrollado una amistad con la mujer que era lo suficientemente fuerte como para unirse a ellos a pesar de que recientemente había tenido su primer hijo. Parecía haberse vuelto algo protector con ella también en el transcurso del viaje. Ambos hombres compartieron el tipi (tepee) con los Charbonneaus, por lo que ambos se habían familiarizado mejor con ella, y fue mencionada y admirada con mayor frecuencia en los diarios de Clark. Ambos hombres parecían haber desarrollado cierto temor por ella por diferentes razones. Lewis admiraba lo bien que podía manejarse cuando surgían situaciones difíciles, y parecía hacerse cargo de protegerla cuando Clark se enfermó más tarde en el viaje.

Clark actuó como su principal cuidador cuando Sacagawea cayó cuando llegaron a las cataratas en Missouri. Después de 10 días, Lewis informó que ella había regresado a un estado más normal y estaba "caminando y pescando", así como recogiendo raíces para la expedición para comer.

Una inundación repentina ocurrió el 29 de junio. Los Charbonneaus y Clark estaban en la tienda en el momento en que comenzaron las fuertes lluvias, pero rápidamente se convirtió en una inundación repentina que hizo de la tienda una trampa. El marido pareció congelarse cuando Clark ayudó a sacar a Sacagawea y a su hijo del barranco. Ella se había recuperado recientemente del incidente anterior, y Clark temía que la inundación tuviera un efecto adverso en su recuperación, además de ser una amenaza para el bebé. Inmediatamente envió hombres para que le trajeran ropa para que ella pudiera calentarse y el bebé fuera atendido.

Las publicaciones también muestran que Sacagawea no era la guía que la gente suele pensar que era. Reconocería puntos de referencia cuando cruzaran las distintas áreas, pero Sacagawea no estaba lo suficientemente familiarizada con la región como para actuar como guía. Habían pasado seis años desde que ella había estado en el área y había sido una niña en ese momento. Sus recuerdos eran precisos y pudo brindar ayuda para navegar sin poder actuar como guía.

Después de haber estado caminando durante cuatro meses, se encontraron con los Shoshone y se acercaron a ellos, con la esperanza de conseguir algunos caballos para aliviar la dificultad de sus viajes. La persona que encontraron fue el hermano mayor de Sacagawea, que ahora era el jefe. Esta era claramente una oportunidad para que ella finalmente regresara con su gente, pero decidió quedarse con los hombres que viajaban hacia el oeste. Sin embargo, fue el hecho de que se encontraron con su familia lo que convenció a los Shoshone de proporcionar ayuda para la expedición. Como pudieron adquirir caballos, el grupo logró cruzar las intimidantes Montañas Rocosas con mucha más facilidad.

Cuando el grupo llegó con éxito a la actual Astoria, Oregón, Sacagawea insistió en que continuaran hasta llegar al océano Pacífico. Uno de los nativos de la región les había dicho que una ballena había sido varada no muy lejos, y sentía curiosidad por ver cómo habría parecido una criatura mítica. Lewis escribió sobre cuán tenaz era ella:

> [Ella] era muy impo [r] tuna para que se le permitiera ir, y por lo tanto fue complacida; observó que había viajado mucho tiempo con nosotros para ver las grandes aguas, y que ahora que también se

mostraba ese monstruoso pez, pensó que era muy difícil que no se le permitiera observar tampoco.

El hecho de que estuvieran dispuestos a complacer su interés demuestra que se habían ganado un gran respeto por ella y no querían negarle que viera algo nuevo para ella después de que los ayudara a cruzar vastas extensiones de tierra que eran nuevas para ellos. También se le permitió votar sobre dónde construirían un fuerte para el invierno. Dado que no solo era una prisionera y una esposa forzada de Charbonneau, sino que también una mujer muestra cuán respetada llegó a ser Sacagawea después de todo lo que había hecho por Lewis y Clark.

Desapareciendo en la Historia

La familia de tres se había unido a la expedición durante aproximadamente 16 meses, de un total de 28. Cuando regresaron del océano Pacífico, la familia dejó a los aventureros cerca de una aldea de Hidatsa a lo largo del río Missouri. Muy poco se sabe de su vida después de eso, salvo por algunos puntos en los que se encontraron nuevamente con Clark. Durante su tiempo con la familia, Clark había desarrollado una afición por el bebé que había viajado con ellos y le pidió a Charbonneau que se estableciera con su familia en o cerca de St. Louis. Charbonneau rechazó la invitación, pero dejó a su hijo para que Clark lo atendiera y lo educara.

Se desconoce qué pasó con Sacagawea. Puede que se haya unido a su esposo cuando él visitó a uno de sus compañeros de viaje, o puede que no se haya unido a él. Ni siquiera se conoce la historia de su muerte. Se dice que ella vivía con su esposo a lo largo del río Missouri superior, donde murió en 1812 durante un brote de la "fiebre pútrida". Otros creen que ella regresó al Shoshone después de haber encontrado a su hermano, y dicen que murió en 1884. Sacagawea fue puesta en el centro de atención de la historia, probablemente sin darse cuenta de cuánto había hecho por el país. Se desconoce qué pensaba de sus compañeros de viaje o incluso de su esposo. Justo cuando salía de la expedición cuando ya no era necesaria, Sacagawea salió del centro de atención y se desvaneció en el fondo como una figura mitológica. Es muy poco probable que ella haya sabido cuán enorme fue su influencia o cuánta impresión había dejado en los hombres que la habían visto actuar en todas las capacidades que ellos no tenían.

Capítulo 14 – Las Guerras Semínolas

Los semínolas eran personas muy diferentes a la mayoría de los nativos americanos que vivían a lo largo de la costa este. Con base en hallazgos recientes, las personas han residido en Florida por más de 14.000 años, otorgándoles una extensa historia que es inimaginable para los estadounidenses cuyo país tiene menos de 300 años. Los primeros europeos que se encontraron con las tribus que se conocieron como la tribu semínola fueron los españoles, que ya habían establecido el genocidio como método elegido para tratar con los pueblos de América del Norte y del Sur que no querían a los españoles en sus tierras. En general, se piensa que los semínolas eran más hostiles que otras tribus nativas americanas a lo largo de la costa oriental de América del Norte, pero es posible que esta primera impresión increíblemente desagradable de los europeos haya hecho que la gente sea extremadamente cautelosa con los europeos. Eran comprensiblemente defensivos del lugar donde habían vivido durante literalmente miles de años.

Los Españoles Pierden Nuevamente Florida

España tuvo una participación limitada en la Revolución Americana. Como aliado de Francia, apoyaron y ayudaron a los colonos a luchar contra Inglaterra. Como habían reclamado a Florida, ayudaron a los futuros americanos del sur. Cuando se redactó el tratado para poner fin al conflicto conocido como la Guerra de la Independencia, los españoles se quedaron con Florida.

El problema era que Florida era una propiedad altamente deseable, y los americanos estaban mucho más interesados en tomarla de los españoles que en agradecer la ayuda que los españoles habían brindado durante la Revolución Americana. España reconoció el peligro con esta nueva variable de un país justo al norte de sus tierras, y alentó la colonización a lo largo de la frontera compartida. Se alentó a la gente de España y del nuevo país a establecerse, lo cual fue un error del que los mexicanos no aprendieron cuando invitaron a los americanos a ayudarlos a establecerse en Texas. Sin embargo, después de más de un siglo de aprender que los seminolas no podían eliminarse tan fácilmente como los pueblos nativos de otras regiones, los españoles parecían haber establecido una relación ligeramente mejor con ellos. Quizás los españoles sintieron respeto por los seminolas, ya que en este punto alentaron a los nativos a establecer granjas y asentamientos a lo largo de la frontera. También es probable que consideraran a los seminolas como una barrera para disuadir a los estadounidenses de intentar tomar Florida. Para irritar a los estadounidenses, los españoles se negaron a devolver esclavos fugitivos que llegaron a sus tierras, y fueron absorbidos por el crecimiento de Florida y, a menudo, trabajaron junto a los seminolas, que los consideraron en una situación similar a la de ellos y los aceptaron en su tribu.

Inglaterra había gobernado Florida por un tiempo, antes de la Guerra de Independencia. Durante ese tiempo, habían alentado a los seminolas a luchar contra los colonos que continuaban impulsándose en el territorio seminola. Cuando España recuperó el control de

Florida, los semínolas ya habían establecido una relación muy combativa con el nuevo país.

Más tarde, bajo el mando del presidente Andrew Jackson, Estados Unidos cometió algunas de las mayores atrocidades en la historia de la nación. Durante este tiempo, Jackson era simplemente un miembro malhumorado del ejército, pero mostraba cuán cruel y violento era el hombre mucho antes de que la gente lo eligiera para la presidencia. Sin tener en cuenta el hecho de que España había ayudado al país a vencer a los británicos, los americanos continuaron invadiendo Florida, bajo el argumento de que estaban tratando de recuperar a sus esclavos. Mientras algunos intentaban encontrar a sus esclavos, el hecho de que no salieran de Florida demostró que esto no era más que una excusa para la agresión. El objetivo real era robar la tierra de España.

En 1821, Estados Unidos finalmente logró expulsar a las personas que habían sido sus aliadas durante la fundación del país de las tierras que los españoles tenían antes de que existiera la mayoría de las colonias. Por supuesto, los nativos eran los únicos con un reclamo legítimo, pero en base a la opinión limitada de que solo los europeos y las personas que seguían al dios europeo tenían derecho a la tierra, los americanos acababan de demostrar que incluso eso era una mentira. Siempre tendrían una excusa para robar tierras y recursos potenciales de enemigos y aliados por igual.

Lo que siguió fue una serie de guerras con los semínolas que no reconocieron a los Estados Unidos como el nuevo dueño de sus tierras.

El Esfuerzo de Reasentamiento

Las políticas de Jackson basadas en el Destino Manifiesto dieron como resultado algunas de las políticas más retrógradas y bárbaras de la nación. Reclamando el Destino Manifiesto, indicó que el ejército de los Estados Unidos comenzara a retirar a los pueblos nativos de las tierras donde habían vivido durante decenas de miles de años porque solo quería que los americanos blancos prosperasen en esas tierras. Después de lo que los estadounidenses llaman la Guerra Creek (1813 a 1814), el violento enfrentamiento con las tribus Maskoki de Alabama resultó en un tratado, que los Estados Unidos rompieron de inmediato. Cuando el país comenzó a expulsar a los Maskoki de sus propias tierras, muchos huyeron a Florida en lugar de ir al oeste, ya que Estados Unidos estaba tratando de obligarlos a hacerlo. Muchos de los Maskoki que huyeron eran guerreros que, como los semínolas, ahora tenían un incentivo adecuado para desfavorecer y luchar contra los Estados Unidos.

Después de luchar con éxito contra los españoles por la totalidad de su ocupación en Florida, los semínolas se consideraban personas libres. Cuando los Estados Unidos intentaron obligarlos a abandonar sus tierras, ya que el país intentaba con todos los nativos (independientemente de los tratados, las alianzas y, como lo demostró más tarde el Cherokee, contra los fallos de la Corte Suprema de los Estados Unidos), los semínolas se resistieron. Jackson había calculado erróneamente su intento de resolver lo que llamó el "problema indio"; los países que comerciaron con los Estados Unidos se opusieron a sus prácticas claramente inmorales y bárbaras. Como resultado de que el mundo internacional condenara sus acciones, Jackson sintió justificado cualquier asesinato de aquellos que se oponían a sus políticas. Esto incluía a dos ingleses que Jackson sospechaba que incitaban a los pueblos nativos a luchar, aunque el semínola claramente no necesitaba ningún incentivo externo para hacerlo. Este período se conoce como la Primera Guerra Semínola porque los enfrentamientos ocurrieron con frecuencia, y Florida constantemente estalló en sangrientas batallas. La primera guerra duró de 1814 a 1818.

En un intento equivocado y mal pensado de ganar Florida a través de uno de sus falsos tratados, los Estados Unidos intentaron persuadir al creciente número de pueblos nativos de Florida para que se fueran (los Maskoki fueron solo una de las muchas tribus y naciones que optaron por huir a Florida en lugar de ir al oeste). Intentaron convencer a la gente de vender su ganado y devolver esclavos, dos cosas que claramente debilitarían a los nativos, lo cual no estaban dispuestos a hacer.

Para 1830, Jackson había sido votado desafortunadamente en la poderosa posición de presidente de los Estados Unidos, donde fue muy abusivo de sus poderes. Incluso cuando la gente dentro de los Estados Unidos denunció su crueldad hacia los nativos, particularmente aquellos que vivían cerca de los nativos americanos y valoraron la asociación establecida desde hace mucho tiempo, los ignoró. Decidido a obligar a los pueblos nativos a reasentarse en regiones donde no creía que hubiera recursos adecuados, Jackson comenzó a enfrentarse a los pueblos nativos más difíciles, especialmente las Naciones Cherokee y Semínola. El Cherokee decidió luchar a través de los sistemas judiciales de los Estados Unidos, una medida que no había previsto. Dado que los tribunales de los Estados Unidos encontraron a favor de los Cherokees, Jackson decidió ignorar esa rama particular del gobierno de los Estados Unidos y continuó con sus acciones ahora ilegales. Las acciones eran ilegales, ya que ahora él estaba actuando contra la ley del país y actuando más como un dictador que como un presidente. Como nota al margen, fue un miembro del Cherokee quien salvó la vida de Jackson durante una batalla anterior, pero nunca mostró ningún signo de gratitud por esa acción. El resultado final del racismo de Jackson contra el Cherokee que literalmente luchó junto a él y buscó una resolución pacífica fue el Sendero de las Lágrimas.

Sin embargo, el semínola no conocía los sistemas judiciales tan bien como el Cherokee, después de pasar décadas luchando contra los Estados Unidos en lugar de trabajar junto a ellos. Su completa falta de confianza para el gobierno de los Estados Unidos, que parecía solo hacer tratados para romperlos, resultó ser el camino más exitoso. Aunque la lucha no se detuvo después de 1818, los avances del ahora presidente Jackson en territorio semínola comenzaron un período de violencia mucho mayor. A partir de 1835, la lucha se intensificó y se denominó como la Segunda Guerra Semínola.

Como los españoles llegaron antes que ellos, los Estados Unidos se percataron de que los semínolas no eran tan fáciles de eliminar como los otros nativos que los Estados Unidos habían sacado de sus tierras. Durante los siguientes siete años, Jackson gastaría aproximadamente $40.000.000 en un intento de expulsar a los pueblos nativos de sus tierras. Mientras que las otras destituciones de los nativos americanos solo requerirían el uso del ejército de los Estados Unidos. Para ejecutar la política atroz, Jackson tuvo que enviar al ejército, la marina y el cuerpo de marines de los Estados Unidos en un intento de eliminar al semínola.

También como los españoles, Estados Unidos fracasó. Una tercera guerra de los semínolas fue la única en la que Estados Unidos pudo reclamar un nivel de éxito. El líder principal de la tribu semínola acordó irse, y mucha de su gente fue con él a las nuevas tierras, en gran medida inhóspitas.

Muchos semínolas murieron, y otros fueron obligados a embarcar y tomar el río Mississippi para su reubicación. Aquellos que fueron forzados a las nuevas tierras terminaron en nuevas batallas con los otros nativos desplazados porque no había recursos adecuados para todos en las tierras áridas que los Estados Unidos les habían designado.

La Realidad de las Guerras Semínolas

Sin embargo, es evidente que Estados Unidos había subestimado a la tribu Semínole porque no podían eliminar por completo a todos los nativos. Pequeños agrupamientos de tribus habían escapado del trato bárbaro a manos del ejército americano, pero un número mucho mayor de semínolas permaneció en sus tierras ancestrales.

La guerra contra los semínolas comenzó antes del intento de eliminar a los Cherokee y prevaleció mucho tiempo después de que finalizó el Sendero de las Lágrimas. Abarcó más de dos décadas, el cual costó muchas vidas. Muchas figuras militares notables de los Estados Unidos fueron arrastradas a la guerra, y tuvieron diversos aportes en la guerra con los semínolas. Hoy en día, los soldados estadounidenses siguen utilizando la guerra de guerrillas que los semínolas habían dominado y utilizado contra los Estados Unidos con gran eficacia. Otras tribus lucharon con métodos similares, pero ninguna fue tan efectiva, tal vez porque los semínolas tuvieron cientos de años para dominar las tácticas de guerrilla contra los españoles. El ejército estadounidense todavía enseña las tácticas utilizadas por los semínolas contra ellos. Desafortunadamente, realmente no aprendieron cómo hacerlo de manera correcta, ya que perderían las mismas tácticas aproximadamente 100 años después cuando Estados Unidos entró en otra guerra ilegal contra los vietnamitas.

Actualmente, aproximadamente 3.500 semínolas todavía viven en sus tierras en Florida. Algunos descendieron de la gente que nunca se fue; otros descienden de personas que regresaron a Florida, mientras que Estados Unidos participó en guerras ilegales con otros pueblos nativos más al oeste.

Capítulo 15 – Toro Sentado – Luchando A Pesar De Todas Las Adversidades

El hombre al que los americanos llaman Toro Sentado se ha convertido en una figura legendaria en las tradiciones de los nativos americanos y estadounidenses. Si bien los estadounidenses saben un poco sobre él hoy, tienden a verlo como una figura positiva que solo quería hacer lo correcto para su pueblo. Al distanciarse del hecho de que fue el gobierno estadounidense quien mató al legendario líder de una tribu Lakota, los estadounidenses rara vez profundizan demasiado en su historia. Sin embargo, lo consideran como un buen líder y saben que lo que sucedió no fue correcto.

Los nativos americanos tienen una perspectiva decididamente diferente del hombre, particularmente de sus descendientes. Es uno de los pocos pueblos nativos cuyo nombre se enseña en las escuelas estadounidenses, aunque la historia está algo distorsionada. Este capítulo analiza al hombre tal como lo recuerdan los pueblos indígenas, retrocediendo mucho más en la historia que los enfrentamientos entre los nativos americanos en el oeste y las políticas crueles y obviamente ilegales del gobierno americano de la época.

Vida Precoz

Nacido cerca del río Yellowstone, cerca de la ciudad actual de Miles City, Montana, el bebé originalmente fue llamado Jumping Badger. Pertenecía a los sioux y era un hunkpapa sioux. Poco se ha transmitido en la tradición oral sioux sobre su infancia. Considerado pasivo debido a su naturaleza tranquila, se esforzó por demostrar que era más de lo que la gente pensaba de él. Con solo 10 años, Jumping Badger mató a un búfalo, y a los 14 años se unió a los guerreros de la tribu Lakota en lo que fue una redada contra el rival Crow para robar caballos.

Durante esta incursión, Jumping Badger completó su golpe de estado contra el Crow. Esto significaba que ganó el reconocimiento de su pueblo a través del coraje durante una redada. Para celebrar que se convirtió en hombre, se organizó un festín en honor de Jumping Badger, y su padre le otorgó un nuevo nombre, Tatanka Iyotake, o "Buffalo Bull Sits Down". Ahora considerado un hombre y un guerrero oficial, al joven se le dio un caballo, un escudo y una pluma de águila para usar.

Un Cambio Al Liderazgo

Cuando tenía 25 años, Toro Sentado se había convertido en el líder de un grupo de renombre llamado la sociedad Strong Heart Warrior. Se había ganado una reputación que hizo que incluso sus enemigos lo mantuvieran asombrado; su liderazgo era tan efectivo que sus guerreros podían generar miedo en los corazones de los demás gritando "Somos los compañeros de Toro Sentado" mientras atacaban en la batalla.

Sin embargo, no era solo un guerrero impresionante. Toro Sentado era un líder espiritual que podía inspirar a otros a seguirlo. Sus visiones ayudaron a presionar a sus seguidores a la batalla y a aliviar la preocupación de quienes se quedaron atrás para preocuparse. Cuando el gobierno de los Estados Unidos trató de obligar a Toro Sentado y su gente a seguir el Tratado de Fort Laramie que había sido firmado por Red Cloud de Oglala Lakota, se negó.

En 1874, el general George Armstrong Custer invadió uno de los lugares sagrados de los sioux, Black Hills. Se había encontrado oro cerca del área, y Custer y los buscadores ignoraron el tratado que indicaba que no ingresarían a la tierra sioux, como lo establece el Tratado de Fort Laramie. Toro Sentado logró reunir guerreros tanto de Lakota como de Cheyenne para luchar contra los atacantes. Luego de la derrota de Custer en una escaramuza, Estados Unidos exigió que todos los grupos de caza se reportaran a sus agencias en las reservas establecidas. Intentaban proteger a los buscadores que ingresaban ilegalmente a tierras sioux haciendo un seguimiento de los guerreros. Esta fue la gota que colmó el vaso para Toro Sentado y sus seguidores.

La Leyenda, Sus Acciones y la Ayuda De Crazy Horse

En junio de 1876, Sitting Bull había ayudado a reunir entre 12.000 y 15.000 guerreros. Se establecieron en el río Little Bighorn. Como líder espiritual, también se aseguró de que completaran ceremonias. Una de las ceremonias más importantes fue la Ceremonia de Baile del Sol, y Toro Sentado participó en el baile durante 36 horas. Durante ese tiempo, experimentó una visión del resultado y transmitió que había visto que saldrían victoriosos. La visión parecía hacerse realidad cuando, el 17 de junio, se unieron en la batalla contra el general George Crook. Él y sus hombres se retiraron del campo de batalla en lo que más tarde se llamaría la batalla de Rosebud.

Caballo Loco era otro jefe lakota sioux. Su historia era un tanto similar a la de Toro Sentado (mató a un búfalo a los 12 años). Después de presenciar el brutal asesinato de un sioux (que estaba tratando de mediar una discusión) por parte de un soldado, se unió a la lucha contra el ejército estadounidense. Se convirtió en jefe a los 24 años de edad y se negó a reasentarse después del Tratado de Fort Laramie. Caballo Loco y sus seguidores ignoraron el requisito de informar al gobierno de los Estados Unidos después de las actividades ilegales de los buscadores de oro que ingresan a sus tierras. Los movimientos y tácticas de sus hombres fueron fundamentales para ayudar a derrotar a Crook la semana anterior.

Ocho días después de la derrota de Crook, el general Custer inició un ataque contra Toro Sentado y sus guerreros, optando por atacarlos mientras los guerreros estaban en su propio territorio. Tras la derrota de Crook, Caballo Loco y sus guerreros se unieron a Toro Sentado. Coordinaron sus movimientos. Cuando Toro Sentado atacó a Custer desde el frente, Caballo Loco y sus guerreros se unieron desde el norte y el oeste, y el Jefe Gall atacó desde el sur y el este.

La batalla no duró más de 30 minutos y resultó en la aniquilación completa de Custer, dos de sus hermanos, uno de sus sobrinos, su cuñado y todos los hombres bajo su mando. Se estima que, incluidos sus exploradores, un total de 268 soldados estadounidenses murieron en la batalla. Hubo 55 heridos, pero sobrevivieron, cuando terminó. Estaba claro que Custer había sobreestimado enormemente sus habilidades y subestimó a cuántos nativos se enfrentaba. Tampoco pudo explicar cuán molestos estaban los nativos americanos después de su entrada ilegal a sus tierras y su intento de matarlos en sus propias tierras.

Después de la victoria, Toro Sentado se sintió obligado a señalar lo que debería haber sido obvio: "Que nadie diga que esto fue una masacre. Vinieron a matarnos y se suicidaron". Custer había sobreestimado considerablemente sus propias habilidades y las de los hombres con los que debía luchar. Aun así, Toro Sentado sabía que la pérdida de las tropas estadounidenses se enfrentaría a represalias, a pesar de que los soldados habían sido los agresores iniciales.

Ambos jefes continuarían manteniendo a su gente libre. Sabiendo que el gobierno de los Estados Unidos nunca cumpliría sus acuerdos y respondería al asesinato justificado de Custer y sus hombres, los jefes llevaron a su gente en diferentes direcciones.

Caballo Loco regresó con su gente al río Rosebud. Finalmente fueron derrotados, y él se rindió en 1877. Como parte de la rendición, Estados Unidos le prometió una nueva reserva, que era otra mentira. Caballo Loco terminó sacando a su esposa enferma de la reserva a la que habían sido enviados después de la rendición en un intento de obtener la atención que necesitaba de su gente que vivía a 40 millas de la reserva. Como no había obtenido permiso antes, Caballo Loco fue detenido. Cuando se hizo evidente que planeaban colocarlo en la empalizada, comenzó a defenderse. Un soldado lo atravesó con una bayoneta y murió antes de la mañana siguiente.

Toro Sentado tuvo mejor suerte.

Escape a Canadá, Un Regreso, y Sus Últimos Años

Toro Sentado sabía que el gobierno de los Estados Unidos nunca honraría su palabra o tratados, y ahora lo perseguían a él y a su gente tras la pérdida de un Custer demasiado confiado. En un intento por mantener a su gente libre, Toro Sentado los llevó a Canadá, donde pudieron permanecer durante cuatro años sin la amenaza constante del gobierno de los Estados Unidos. Sin embargo, no pudieron quedarse, y terminaron rindiéndose a los Estados Unidos y regresaron a las áreas más cercanas a sus tierras ancestrales. Al rendirse a los Estados Unidos en 1881, Toro Sentado ahora solo tenía 44 hombres y 143 mujeres y niños que quedaron bajo su cuidado. Estuvo preso durante dos años.

En este punto, Toro Sentado se había convertido en un nombre famoso (o quizás infame), y los estadounidenses se encontraron más interesados en aprender sobre él y considerar a este guerrero audaz como alguien que había luchado tan valientemente contra lo que se consideraba una posibilidad imposible. Aunque se había convertido en un granjero exitoso en la Reserva Standing Rock, donde él y su gente se habían establecido después de su rendición, se unió al espectáculo Wild West Show de Buffalo Bill Cody. Entre 1885 y 1886, Toro Sentado viajó con el espectáculo.

En 1886, Toro Sentado regresó a su pueblo. El Movimiento de la Danza de los Espíritus estaba creciendo y el gobierno de los Estados Unidos no entendió su propósito. Temiendo que un líder tan temible persuadiera a su pueblo de actuar contra el gobierno de los Estados Unidos, enviaron soldados para arrestar a Toro Sentado sin ningún motivo. Hubo una lucha durante el arresto, y Toro Sentado recibió varios disparos. Murió a causa de las heridas y fue enterrado cerca de Fort Yates. Su pueblo exhumó sus restos en 1953 y devolvió su cuerpo cerca del lugar donde nació.

Desafortunadamente, este fue un mal presagio que precedió a algo mucho peor dos semanas después en Wounded Knee.

Capítulo 16 – Wounded Knee – Una Verdadera Tragedia Americana

Una de las citas más famosas que Winston Churchill pronunció fue que "la historia está escrita por los vencedores". Al mirar hacia atrás en la historia de todos los países, este es un punto increíblemente importante para recordar. Las colonias ganaron la Revolución Americana, por lo que se ha considerado un evento inevitable, si no completamente justificado (realmente depende de dónde viva si considera que fue algo bueno). Los aliados ganaron la Segunda Guerra Mundial. Y los romanos conquistaron la mayor parte del mundo conocido (para aquellos en esa parte del mundo conocido). Si bien los resultados finales se debaten, los detalles delicados rara vez se debaten. La gente tiende a creer las cosas terribles que se dicen sobre los que perdieron, incluso cuando no hay evidencia de los horrores descritos por los vencedores. Algunas atrocidades son innegables, como el Holocausto. Pero otros recitales históricos son mucho menos creíbles, como la culpa de las personas asesinadas durante los juicios de brujas de Salem.

La propaganda siempre ha desempeñado un papel crucial en cambiar el rumbo de la opinión y en influir en ella, y en algunos lugares es más pronunciada que en la matanza generalizada de los pueblos nativos en América del Norte y del Sur. Cuando algunas de las personas de ascendencia europea no podían obtener lo que querían de los nativos americanos, los demonizaban o deshumanizaban para que el pueblo estadounidense clamara por la intervención del gobierno. Esto fue ciertamente cierto para en Sendero de Lágrimas, porque las personas que vivían cerca de la tribu Cherokee sabían que la forma en que el presidente Jackson y el gobierno presentaban a los pueblos nativos era una completa mentira. Tampoco es ese el único caso de un infame robo por parte del gobierno estadounidense contra los nativos americanos. No todos los estadounidenses aceptaron la mentira. Muchos trataron de resistir y luchar por y con los nativos americanos. Sin embargo, para muchos estadounidenses, no fue un problema que los afectó específicamente, por lo que, aunque no estuvieron de acuerdo con la política, se centraron en los problemas que afectaron directamente sus vidas en lugar de comprometerse.

Quizás uno de los hechos más conocidos, pero a menudo distorsionados, fue la "batalla" de Wounded Knee.

El Auge de la Danza de los Espíritus

A finales del siglo XIX, los nativos americanos eran muy conscientes de las mentiras y la crueldad del pueblo estadounidense y su gobierno. El pueblo sioux ya había sido relegado a una reserva, y Toro Sentado fue su jefe durante el final del siglo XIX. Al igual que muchas personas a lo largo de la historia, pensaron que su derrota era una indicación de fracaso espiritual. Creyendo que su pueblo había perdido el rumbo al integrarse con los estadounidenses, los oprimidos comenzaron a regresar a sus tradiciones.

La Danza de los Espíritus fue un movimiento espiritual que fue iniciado por Wovoka, un místico Paiute. La Danza de los Espíritus estaba destinada a dar esperanza a los nativos americanos occidentales de que pudieran regresar a la abundancia del pasado, antes de que los europeos invadieran, robaran sus tierras y recursos, y los obligaran a vivir en parcelas pequeñas e inhóspitas que los estadounidenses no habían encontrado ningún valor en ello. A través de la danza y la oración, encontrarían justicia contra aquellos que los habían perjudicado. Fue en parte una forma de arrepentirse de apartarse de sus costumbres originales. Cuando los sioux abandonaron sus tradiciones, sus dioses los habían hecho sufrir y ser forzados a la reserva. La Danza de los Espíritus en sí misma era una señal de que estaban rechazando las costumbres americanas y volviendo a las costumbres antiguas. Otros pueblos nativos se enteraron del movimiento, y se extendió por muchas de las reservas.

Bailar siempre ha sido una parte importante de la vida de los nativos americanos, tanto como una forma de expresión y espiritualidad, pero muchos estadounidenses consideraron que era una amenaza. Lo asociaron con la guerra, a pesar del hecho de que europeos y estadounidenses tenían sus propios bailes y realmente deberían haber sabido que no se debían atribuir motivos siniestros a la danza.

La Danza de los Espíritus fue vista como particularmente amenazante, y el General Nelson Miles advirtió a los pueblos nativos que debían detener sus actividades de dicha danza. Para apoyar su advertencia, se desplegaron 7.000 tropas para monitorear y controlar la Lakota.

Los Hechos en Wounded Knee

El gobierno estadounidense se sintió amenazado por el movimiento, y muchos creyeron que era una señal de que los nativos americanos estaban planeando algo. En diciembre de 1890, miembros del ejército estadounidense llegaron para arrestar al Jefe Spotted Elk en Wounded Knee. El jefe de un grupo de Miniconjou Lakota Sioux, él y aproximadamente 350 de su gente estaban acampando en el arroyo

Wounded Knee. Las órdenes de los soldados eran arrestar al jefe y desarmar a su pueblo. Dado el reciente asesinato del Jefe Toro Sentado durante su arresto, los nativos americanos estaban comprensiblemente incómodos con la presencia del ejército estadounidense. Sin embargo, las personas no eran guerreros endurecidos, muchos de ellos eran mujeres y niños, ya que este era su campamento improvisado.

Tras el asesinato del Toro Sentado, el Jefe Spotted Elk había decidido trasladar a su gente a un lugar más seguro. Habían establecido un lugar temporal en la Agencia Pine Ridge. Al enterarse de los movimientos de las personas y sus actividades de la Danza de los Espíritus, el general Nelson Miles decidió que los militares tenían que actuar. Envió al mayor Samuel Whiteside y a la Séptima Caballería a Wounded Knee con la dirección expresa de arrestar al jefe y a algunos de sus seguidores. En un frío día de finales de diciembre de 1890, la Séptima Caballería llegó al campamento del Jefe Spotted Elk. Mientras los hombres tomaban las armas de los pueblos nativos, se escuchó un disparo.

La tensión estalló, y los hombres que habían entregado pacíficamente sus armas ahora estaban tratando de recuperarlos del ejército estadounidense para usarlos para defenderse, las mujeres y los niños solo buscaban un refugio seguro. Los soldados inmediatamente apuntaron las armas a los nativos y comenzaron a disparar. Una versión anterior de la ametralladora se había colocado en la cima de la colina, y comenzó a disparar indiscriminadamente contra los tipis y los nativos. La ametralladora derribó a los nativos que huyeron para escapar de los disparos de los soldados.

Cuando la Séptima Caballería finalmente dejó de disparar, entre 150 y 250 de los Lakota yacían muertos en la nieve: hombres, mujeres, niños y el Jefe Elk Spotted. De los soldados de caballería, 20 estaban muertos.

Renombrando la Batalla Basado en los Hechos

Luego de la matanza de muchos nativos inocentes, los Estados Unidos calificaron falsamente los eventos como la "batalla de la Wounded Knee". Sin embargo, esta descripción no está respaldada por los hechos de lo que sucedió. Todos los hombres de la Séptima Caballería eran militares armados. Se enfrentaron a más de 300 Lakota, muchos de los cuales eran civiles que simplemente intentaban encontrar un lugar seguro para vivir luego de más traiciones de los Estados Unidos contra otros nativos. Rendían voluntariamente sus armas.

El debate se ha desatado en los últimos años sobre cómo clasificar lo que sucedió. Todavía hay algunos que creen que lo que sucedió fue un evento increíblemente trágico. Incluso ya no lo llaman una batalla porque claramente no fue una guerra o un evento planeado. Los Lakota no habían buscado ninguna interacción con los militares. Fueron los militares estadounidenses los que forzaron la interacción, y los pueblos nativos aceptaron con la esperanza de evitar más derramamiento de sangre. El disparo que sonó puso de manifiesto los terribles eventos en movimiento, y existe una cierta comprensión de cómo las tropas estadounidenses se habrían asustado cuando estaban claramente superadas en número. El problema es que no tuvieron ningún reparo en disparar a Lakota, matando a personas que claramente no eran una amenaza. Llamar al evento una batalla claramente tenía el propósito de justificar las acciones que eran injustificables. No era más que propaganda, y durante más de 100 años, muchas personas creyeron que había sido mucho más una lucha entre los nativos y la caballería de lo que realmente fue. Los estadounidenses pensaban que las tropas habían sido valientes frente a un grupo de nativos sedientos de sangre. Los hechos reales, incluido el hecho de que muchas de las personas asesinadas eran mujeres y niños, se ocultaron en gran medida del público porque sin duda probaría la falacia de la narrativa que el gobierno quería impulsar.

Curiosamente, las noticias sobre lo sucedido se informaron en Europa, y los medios de comunicación allí tenían una opinión completamente diferente: estaban unidos y "trataban casi de manera uniforme [los acontecimientos en Wounded Knee] como una masacre sanguinaria y desenfrenada".

Cabe señalar que el general Miles no estaba entre los que impulsaron la propaganda. Cuando los Estados Unidos otorgaron a algunos de los perpetradores de la masacre medallas de honor y erigieron un monumento a los miembros de la caballería que murieron allí, Miles presionó por una investigación. Sabiendo que había mujeres y niños involucrados, no estaba dispuesto a ocultar los eventos debajo de la alfombra. Después de los eventos de Wounded Knee y su papel en la puesta en marcha de esos eventos, el general Miles emergió como un campeón líder en la búsqueda de justicia para los Lakota. Creía que la caballería había cometido errores indescriptibles contra un pueblo inocente.

Dado el trato brutal utilizado por el gobierno de los Estados Unidos para infracciones menores e imaginarias por parte de los pueblos nativos, hay algunos que creen que las tropas fueron enviadas específicamente para cometer un genocidio. Estados Unidos ya había demostrado que no estaban por encima de cometer genocidio cuando se trataba de someter a los pueblos nativos y robar cualquier cosa de valor que tuvieran. Sin embargo, el problema de llamarlo genocidio es que las tropas dejaron de disparar. Algunos Lakota quedaron vivos.

La culpa de los eventos ciertamente pertenece a la relación tiránica, basada en percepciones erróneas, que los Estados Unidos tenían con los pueblos nativos. Este sentido impregnaba las filas del ejército estadounidense, pero había pocas políticas sólidas. El presidente de la época, Ulysses S. Grant, no definió la relación y el trato de los nativos. La poca orientación que se proporcionó siguió al bien establecido trato represivo y cruel que los europeos habían establecido casi tan pronto como llegaron.

Sin embargo, los trágicos eventos en Wounded Knee finalmente se han dado a conocer en los Estados Unidos como lo han llamado los nativos y los europeos durante más de 100 años: fue una masacre.

Capítulo 17 – Gerónimo

Uno de los nativos americanos más legendarios se conoce simplemente por un solo nombre: Gerónimo. El nombre se asocia con realizar un acto valiente, típicamente saltar de un acantilado u otra superficie. Esto es comparable a las canciones infantiles porque toma algo histórico y trágico y lo convierte despectivamente en un cliché. Sin embargo, esta no fue la intención original.

El hombre mismo es en gran parte un misterio para muchas personas. Además de reconocer su nombre, el hecho de que él era un nativo americano y que es algo que gritan cuando saltan, la mayoría de la gente no podía decir mucho sobre el hombre mismo. Al igual que muchas personas nativas, su historia fue trágica, y se convirtió en un símbolo de la fuerza y el coraje de un pueblo en contra de probabilidades imposibles.

Un Comienzo Pacífico Se Convierte en una Pesadilla

Los apaches eran una notable tribu nómada que vivía en la región suroeste, pero cuando nació Gerónimo, se habían vuelto más pacíficos que sus antepasados. Esto podría deberse a que los españoles y los descendientes de españoles habían matado a una gran cantidad nativos.

En junio de 1829, nació un bebé en lo que ahora es No-doyohn Canyon, Arizona. En ese momento, todavía era parte del territorio mexicano. Siendo el cuarto hijo nacido de sus padres, habría cuatro hijos más nacidos después de él, con un total de ocho hijos (cuatro niños y cuatro niñas). El nuevo bebé se llamaba Goyathlay, o "Uno que bosteza". Los primeros 17 años de su vida fueron en gran medida sin incidentes. Después de cumplir 17 años, se unió al Consejo de los Guerreros, lo que le dio el derecho de casarse finalmente. Pronto se casó con una mujer apache llamada Alope. Para la década de 1850 habían tenido tres hijos.

Hasta este punto en la vida de Gerónimo, los apaches habían vivido en relativa paz con pocos problemas de los mexicanos que vivían cerca de ellos. La tribu se movió durante el verano de 1858. Viajando primero de Sonora a Casa Grande, hicieron algunas paradas. Uno estaba en una ciudad comúnmente llamada Kas-ki-yeh por los nativos. Como era un pueblo mexicano, acamparon fuera de él, permanecieron varios días mientras comerciaban con los ciudadanos del pueblo y descansaron. Algunos de los guerreros apaches se quedarían para proteger el campamento, mientras que otros fueron a la ciudad para comerciar y obtener más bienes. Los hombres que se quedaron atrás estaban armados y protegieron a las mujeres y los niños en el campo.

Después de unos pocos días sin incidentes, los hombres regresaban de Kas-ki-yeh cuando se encontraron con unas pocas mujeres y niños que huían del campamento. Pronto se enteraron de que las tropas mexicanas de una ciudad diferente habían atacado el campo, matando a todos los guardias y algunas mujeres y niños, incluida la esposa, los tres hijos y la madre de Gerónimo. Los soldados mexicanos robaron sus caballos y bienes, destruyendo lo que no querían o no podían llevarse con ellos.

El consejo guerrero al que se había unido a la edad de 17 años no se había reunido para nada serio desde que se había convertido en miembro, pero ahora tenían una razón para reunirse y llevar a cabo un plan de acción en represalia por lo sucedido. Con solo ocho guerreros restantes, Gerónimo no otorgó su voz ni a favor ni en contra de ninguna acción en particular. No tenían suministros, ni armas, y todavía algunas mujeres y niños que necesitaban protección en lo que ahora era claramente territorio enemigo. El Jefe Apache decidió que el mejor plan de acción era abandonar el campamento como lo habían dejado los soldados, incluidos los cuerpos de los muertos donde yacían, y regresar a su hogar tan rápido y silenciosamente como pudieran.

Si bien muchos miembros de su tribu habían perdido familiares, él fue el único que perdió a toda su familia cuando los mexicanos masacraron a la tribu pacífica. Durante varios días, Gerónimo no reaccionó. No cazaba ni comía, ya que estaba casi paralizado por el dolor. Pasaron varios días de marchas forzadas antes de que llegaran a casa, cuando ya había comenzado a comer y hablar con otros sobre lo que había sucedido. Al llegar a su casa, Gerónimo se encontró con los ornamentos que su esposa le había dejado y los juguetes de sus hijos. Su padre ya había muerto, por lo que visitó la tumba, la única tumba familiar que podía visitar, después de quemar tanto su casa como la de su madre. Todo su pasado fue destruido cuando llegó a un acuerdo con el hecho de que la vida que había conocido había terminado. No podía dar a su esposa, madre o hijos un entierro adecuado, y su vida pacífica se convirtió en un fuerte deseo de vengarse de aquellos que habían destruido todo lo que había conocido.

Desde el día en que comenzó a llorar, Gerónimo odió a todos los mexicanos. Serían los mexicanos quienes le dieron el nombre de Gerónimo, que era la versión en español de Jerónimo.

Levantamiento de un oponente formidable

Como un fénix, el Gerónimo que existió después de los incendios de su hogar y el hogar de su madre era una persona completamente nueva. Cuando el consejo se reunió, hicieron un balance de sus armas y comenzaron a planear la guerra con México. El primer papel de Gerónimo fue obtener ayuda de sus vecinos apaches. Grabó su recuerdo de su petición de ayuda:

> Pariente, usted ha escuchado lo que los mexicanos han hecho recientemente sin causa... podemos hacerles lo que nos han hecho a nosotros. Avancemos y rastreemos, los llevaré a su ciudad, los atacaremos en sus hogares. Pelearé al frente de la batalla. Solo le pido que me siga para vengar este mal hecho por los mexicanos... Si me matan, nadie necesitará llorar por mí. Toda mi gente ha sido asesinada en ese país, y yo también moriré si es necesario.

La petición convenció a los guerreros de la primera tribu y luego a la segunda.

Aproximadamente un año pasó según lo planeado y preparado. Durante el verano de 1859, las tribus apaches estaban en pie de guerra. Comenzando en la frontera mexicana, parecían formidables con sus caras pintadas y sus armas listas. Los apaches que no formaban parte de la lucha estaban escondidos en las montañas para protegerlos de represalias.

Cuando llegaron a su destino, la ciudad envió a un pequeño grupo de ocho hombres a conversar con los apaches. Los ocho fueron asesinados. Las tropas mexicanas salieron en respuesta, y hubo escaramuzas menores que duraron todo el día. Los apaches tuvieron éxito en hacerse cargo de un tren de suministros, dándoles más armas y provisiones. A la mañana siguiente, el pueblo mexicano envió su propia fuerza: dos unidades de caballería y dos unidades de infantería. Gerónimo reconoció a la gente del pueblo que había matado a su familia en una de las unidades de caballería. Al solicitar permiso para dirigir a los Apache contra la caballería, los jefes concedieron la solicitud, a pesar de que Gerónimo no tenía experiencia en la batalla.

Envió a los que estaban bajo su mando para crear un círculo vacío alrededor de la caballería que avanzaba. Cuando la caballería atacó a

Gerónimo y sus hombres en el frente, otros guerreros apaches se acercaron por detrás. La batalla duró dos horas, y solo quedaron cuatro apaches cuando terminó; ninguno de la caballería sobrevivió. Los soldados de otra pelea pronto los atacaron, matando a dos de los guerreros apaches restantes. Gerónimo y el otro sobreviviente intentaron huir, pero su compañero fue eliminado. Gerónimo se volvió y mató al primer atacante con una lanza. El segundo lo mató con un cuchillo, a pesar de que el hombre tenía un sable. Cuando otros apaches vieron al único sobreviviente derribar no solo a los soldados de caballería sino también a los soldados de otra división, comenzaron a gritar el grito de guerra de Apache. Después de sus feroces acciones, Gerónimo se convirtió en el jefe de guerra de su tribu. Una de sus primeras órdenes fue arrancar la cabellera a todos los mexicanos asesinados.

Luego continuaron saqueando y atacando asentamientos mexicanos a lo largo de la frontera norte de México.

Un Nuevo Enemigo

Las tropas mexicanas no eran rival para el audaz guerrero que habían creado. Gerónimo obtuvo numerosos éxitos al liderar a su pueblo contra los asentamientos en la frontera, pero un nuevo enemigo estaba invadiendo sus tierras ancestrales: los estadounidenses.

Durante la década de 1870, el gobierno de los Estados Unidos pudo realmente lograr un equilibrio pacífico con los apaches. El teniente coronel George F. Crook logró mantener la paz mientras fuera su responsabilidad. Desafortunadamente, sus sucesores no eran tan hábiles o competentes. En 1876, el gobierno de los Estados Unidos. Decidió que preferían trasladar a los combatientes apaches, llamados Chiricahua, a una reserva que se encontraba en un páramo completamente árido que los Estados Unidos sabían que no querrían ocupar. Cuando los apaches descubrieron que las tierras no solo eran imposibles de habitar de la manera tradicional, sino que el gobierno de los Estados Unidos tampoco cumplió con las raciones requeridas que les permitirían sobrevivir, los apaches se rebelaron.

Huyendo de la reserva, Gerónimo llevó a cientos de su gente a México. En lugar de asaltar ciudades mexicanas, dirigieron su atención a los colonos estadounidenses que estaban robando sus tierras ancestrales. Las redadas duraron 10 años.

El general Crook fue enviado de vuelta para tratar con los apaches, esta vez para obligarlos a regresar a la reserva. Esto comenzó un patrón para el Apache de escapar de las pésimas condiciones de la reserva y rendirse al ejército y ser llevado de regreso a la reserva. Sin confiar nunca en ninguno de los acuerdos del gobierno de los Estados Unidos que habían demostrado en repetidas ocasiones que no era confiable, Gerónimo se llevó a su gente cuando las cosas se tornaron demasiado difíciles para que permanecieran donde estaban.

En 1886, el general Miles estaba a cargo de los soldados estadounidenses en el área. Cuando conoció a Gerónimo, le prometió al distinguido jefe que él y sus hermanos apaches serían enviados a Florida para un exilio indefinido, pero luego serían devueltos a Arizona. Como era de esperar, esto era una mentira, y los hombres se vieron obligados a realizar trabajos forzados en lugar de encarcelarlos. Cuando fue liberado, Gerónimo fue enviado a Oklahoma en lugar de Arizona. El patrón de escape y rendición continuó, en parte porque Gerónimo no pudo asimilar la vida artificial que el gobierno estadounidense trató de imponerle.

Una Leyenda Y Una Curiosidad

Para las décadas de 1880 y 90, Gerónimo era uno de los nativos americanos más famosos de los Estados Unidos y México. Se había convertido en una celebridad interesante, y su intensidad se exageró en gran medida con muchas personas que afirmaban que era a prueba de balas (considerando cuántas incursiones y batallas había sobrevivido, fue un error comprensible). Se unió a otros nativos americanos que estaban en espectáculos del salvaje oeste. Otros pueblos nativos que habían estado en el programa incluyeron al Jefe Joseph, Toro Sentado y Lluvia en la Cara. Estos hombres utilizaron los espectáculos como una forma de viajar por las tierras que pertenecían a sus pueblos y otros nativos en todo Estados Unidos. También los llevaron a Europa de gira, lo que resultó ser una experiencia interesante y reveladora para los pueblos nativos.

Para el desfile inaugural de 1905 del presidente Theodore Roosevelt, Gerónimo fue invitado a asistir y se unió al presidente. Esto generó más interés y curiosidad en el legendario guerrero Apache que había sobrevivido tanto. Gerónimo fue fácilmente una de las figuras más populares debido a su legendaria reputación. Mucho antes de que los teléfonos celulares hicieran populares los selfies, la gente clamaba por tomarse fotos con el legendario guerrero Apache. En 1906 se publicaron sus memorias: *La historia de la vida de Gerónimo*. A pesar de haber viajado por todo el mundo, no pudo regresar a su tierra ancestral. Sucumbió a la neumonía justo después del Día de San Valentín en 1909. Fue enterrado en Fort Sill, Oklahoma, junto con los otros apaches que murieron lejos de sus hogares.

Capítulo 18 – El Famoso Will Rogers

Es increíblemente fácil observar la forma en que se trató a los nativos americanos y sentir que la situación es deprimente y desalentadora. Sin embargo, existen muchos ejemplos de descendientes que convierten las historias trágicas en historias de triunfo. Uno de los ejemplos más interesantes es el famoso humorista, intérprete y periodista, Will Rogers. Él es un ejemplo de cuánto pueden hacer los descendientes para ayudar a abrir los ojos de los demás a la difícil situación de los nativos americanos y recordarles a todos que una persona es una persona, independientemente de sus orígenes.

Es fascinante cuántas personas han oído hablar de Will Rogers, y el nombre evoca sonrisas porque era divertido y conmovedor. Un actor muy respetado, nació en una época que estaba entre las más oscuras de la historia de los Estados Unidos. Él demostró que, a pesar de todo, siempre había una manera de encontrar el éxito.

Nacido en Privilegiado Territorio Nativo Americano

Will Rogers no nació en la pobreza y las dificultades que generalmente se asocian con los nativos americanos. El 4 de noviembre de 1879, William Penn Adair Rogers fue recibido en la casa de Clement y Mary Rogers. Como el bebé de la familia (el octavo hijo), tuvo una vida un poco más fácil que sus hermanos mayores. Sus padres también eran ricos en la época, a pesar de que vivían cerca de Claremore, Oklahoma, territorio que aún pertenecía a los nativos americanos. Mientras que su padre había sido un granjero y ganadero extremadamente exitoso, lo que lo llevó al éxito como empresario y político, el propio Will Rogers era un cuarto cherokee (uno de sus abuelos había sido cherokee de pura sangre). Creció cómodamente hablando con los estadounidenses y los nativos americanos que vivían cerca de él.

Era un joven increíblemente afable que era muy cercano a su madre. Dado que tanto Will como su padre tenían personalidades muy firmes, tenían una relación más polémica. La familia sufrió una trágica pérdida cuando Will tenía solo 10 años y su madre murió. Este fue un evento que determinó su vida y su futuro.

Encontrando un Propósito Fuera de la Norma

Will no ignoraba las injusticias cometidas a los pueblos nativos, y sentía que su mezcla única de sangre caucásica y nativa americana, junto con sus primeros años en el oeste, lo convertían en un ciudadano estadounidense ideal. Pasó algunos años trabajando en el rancho, pero se fue a Sudáfrica cuando aún era un adolescente. Después de haber recorrido casi la mitad del mundo, Rogers pronto descubrió que era muy hábil para actuar en los espectáculos del Salvaje Oeste. Como había crecido en un rancho y tenía un acento sureño, fue capaz de actuar fácilmente como un vaquero.

Regresó a los Estados Unidos y viajó con el circo y otros espectáculos del Salvaje Oeste. Finalmente, interpretó uno de los roles por los que es mejor conocido, un actor de vodevil. Esta fue una progresión extremadamente natural, y en 1905 demostró ser muy reconocido al ejecutar trucos increíblemente difíciles con un lazo mientras hacía bromas humorísticas.

Desde el vodevil, fácilmente hizo la transición a Broadway, donde su humor y su estilo de vida fueron muy reconocidos. Rogers tenía un carisma innato que a menudo se encontraba entre los líderes cherokee, así como un intelecto y comprensión de cómo trabajaban las personas. Usó sus habilidades para entretener y presentó sus filosofías de una manera que cautivó e intrigó al público. Sus espectáculos a menudo incluían humor, por el cual se haría famoso, y su versión personal de las últimas noticias.

Una Promesa Fallida y una Mejor Vocación

Aunque Rogers nunca había deseado realmente nada debido a la riqueza de su familia, había vivido en condiciones más duras por elección. Lo que obtuvo se basó únicamente en sus propias habilidades y afabilidad. Los espectáculos destacados y humorísticos en Broadway le abrieron las puertas al nuevo mundo del cine. Rogers pronto trasladó a su esposa e hijos a California, donde se convirtió en el protagonista de las películas mudas. Su primer papel fue en *Laughing Bill Hyde*, que se estrenó en 1918. Irónicamente, las bromas y el humor por el que había sido tan claramente conocido no podían traducirse al cine mudo. Sin embargo, también pasó mucho tiempo realizando intrincados trucos en los espectáculos del Salvaje Oeste, que se tradujeron fácilmente en espectaculares actuaciones en la pantalla.

Rogers había firmado originalmente un contrato por dos años, pero cuando la gerencia del estudio cambió, su contrato fue rescindido. Intentó comenzar su propia compañía de producción, pero no tuvo éxito. Después de que un futuro tan prometedor se interrumpió, regresó con su familia a la ciudad de Nueva York, donde se unió a los Ziegfeld Follies.

Quizás insatisfecho con una vida que ya había intentado, Rogers publicó colecciones llamadas *El Vaquero Filósofo Sobre La Conferencia De Paz y El Vaquero Filósofo Sobre La Prohibición*. Los libros fueron publicados en 1919 y le dieron una forma de desarrollarse en un rubro diferente. Rogers había encontrado un segmento que llegó a la gente común, ya que la prohibición condujo a cosas como el aumento del crimen organizado y los bares clandestinos. Fue una figura increíblemente popular durante los descabellados años 20, ya que se burló de todos. Ningún político o persona notable se libró de sus bromas.

Fuera de sus publicaciones y su personalidad pública, en realidad estaba en términos sumamente buenos con las mismas personas de las que se burlaba en sus shows. Rogers estaba en términos igualmente buenos con los políticos que dibujaron su sentido del humor único. En un momento, quería las siguientes palabras inscritas en su lápida: "Bromeé sobre todos los hombres prominentes de mi tiempo, pero nunca he conocido a un hombre que no agrade".

Había algunas desventajas extremas en su naturaleza asombrosamente sociable y afable. Y al igual que sus antepasados, no siempre fue un buen juez de carácter, ya que en un momento apoyó públicamente al brutal dictador Benito Mussolini. Es posible que no supiera exactamente cómo Mussolini controlaba su país, ya que los Estados Unidos en ese momento tendían a evitar prestar atención a los eventos que ocurrían fuera de los Estados Unidos en su búsqueda de aislamiento.

Usó su humor y encanto para convertirse en periodista con una columna sindicada. Esta fue una progresión natural evidente de sus publicaciones, pero a una distancia significativa de donde comenzó como un pequeño jugador en los espectáculos del Salvaje Oeste en Sudáfrica. Rogers comenzó su columna en 1922, publicada en *El Resumen Analfabeto*. El humor que mostró desde el principio para criticar al gobierno de los Estados Unidos pronto se convirtió en comentario en el escenario mundial. Tras el final de la Primera Guerra Mundial, presionó abiertamente por el desarme mundial. Esto ayudó a impulsarlo a la escena internacional, y el *Saturday Evening Post* lo envió a Europa. Sus escritos de este período fueron compilados en una colección llamada *Cartas De Un Diplomático Hecho A Sí Mismo A Su Presidente*, quien en ese momento era Calvin Coolidge. Su tiempo en Europa terminó en una visita a Rusia, lo que resultó en su colección llamada *No Hay Traje De Baño En Rusia*. El país había afirmado ser un país comunista, pero en realidad estaba bajo el control del despiadado dictador Stalin. Su publicación de 1927 discutió cómo era la vida cuando el gobierno controlaba todo y lo racionaba a la gente.

Habiendo encontrado poco éxito en las películas, Rogers aún entendía el valor de un medio más extendido, y en ese momento, la radio estaba en las primeras etapas. La primera transmisión de radio de Rogers tuvo lugar en 1926, y demostró ser tan atractivo como lo había sido en Broadway y los programas del Salvaje Oeste antes de ello. Para 1930, tenía su propio programa semanal. Dadas sus raíces, Rogers eligió usar su gran plataforma para llamar la atención sobre cuestiones humanitarias; había visto muchos casos, tanto dentro de los Estados Unidos como en todo el mundo, que le preocupaban. Por ejemplo, en 1927, el río Mississippi sobrepasó sus orillas en muchos lugares, causando inundaciones devastadoras. Él mismo fue a estas regiones para analizar qué podía hacer y posteriormente fue a testificar ante el Congreso sobre lo devastador que fue el desastre. Quería que el Congreso brindara más ayuda a la región para ayudar con los esfuerzos de recuperación.

Después del Lunes Negro y el comienzo de la Gran Depresión en 1929, Rogers pronto respaldó las ideas del presidente Franklin D. Roosevelt. Cuando se promulgó el New Deal en 1933, lo apoyó plenamente. También obtuvo beneficios y actuó personalmente para tratar de ayudar a los devastados durante la Gran Depresión. En 1935, viajaba a la URSS con un amigo, el piloto del pequeño avión que los llevaba allí. Se estrelló en Alaska, matando a los dos hombres.

Un Legado Duradero

Will Rogers era un individuo increíblemente único. Pasó toda su vida balanceándose entre dos mundos completamente diferentes, sin embargo, fue un acto de equilibrio que únicamente pudo mantener. Mientras se burlaba de aquellos en el poder, también se hizo su amigo. Era un hombre del pueblo, pero mayor que la vida. Su sentido del humor era mordaz, pero ayudó a llamar la atención sobre aspectos que podrían mejorarse. Aunque Rogers fue crítico, también ofreció soluciones. Vivió algunos de los peores capítulos de la historia de los Estados Unidos y presenció algunos de los peores momentos de la humanidad, sin embargo, optó por mantenerse optimista y presionó por un cambio positivo. Actualmente sus palabras todavía se publican y están disponibles (incluso en Kindle), y siguen siendo tan conmovedoras, penetrantes, vigentes y obstinadamente optimistas como cuando las escribió por primera vez.

Capítulo 19 – El Código Inquebrantable De Quienes Conocen El Código

Las historias sobre la Segunda Guerra Mundial muestran que fue un periodo demasiado peligroso, que amenazó con destrozar el mundo cuando los dos continentes "civilizados" de Europa y Asia intentaron conquistar el mundo entero. Gente de todo el mundo se vio involucrada en el conflicto para negar la sed de poder de los Poderes del Eje. Los principales agresores, Alemania, Japón e Italia, habían logrado tomar el control de áreas desproporcionadamente extensas en comparación con sus propios países geográficamente pequeños. Parecían estar mejor organizados, más informados sobre los movimientos de sus enemigos y tenían armas superiores. País tras país cayeron en sus ataques, haciéndolos parecer imposibles de vencer.

Finalmente, fueron algunos nativos americanos quienes ayudaron a cambiar el rumbo de una guerra que no debería haber tenido nada que ver con ellos. La destrucción de Europa y Asia no debería haber sido importante; esta no era su pelea. Sin embargo, demostraron una vez más que los nativos americanos eran mucho más que los pueblos que los Estados Unidos habían descrito durante siglos.

Unirse a la Guerra

Canadá se unió a la Segunda Guerra Mundial cuando Adolf Hitler se convirtió en una amenaza evidente para algo más que unos pocos países del continente europeo. Aunque eran su propio país, Canadá todavía tenía fuertes lazos con Inglaterra. Sin embargo, los Estados Unidos querían evitar verse arrastrados a otra guerra después de todas sus pérdidas durante la Primera Guerra Mundial. La Segunda Guerra Mundial se había desatado desde finales de la década de 1930, pero los Estados Unidos solo se unieron después del bombardeo de Pearl Harbor por Japón en diciembre de 1941.

Tal como lo habían hecho en la Primera Guerra Mundial, los nativos americanos comenzaron a inscribirse para unirse a las filas del ejército de los Estados Unidos para ayudar a proteger a su gente. Lo que durante mucho tiempo se ha entendido de manera errónea sobre los pueblos nativos es que la palabra "guerreros" nunca fue realmente un término exacto para describir a las personas que fueron a la guerra. Es una palabra en inglés que los colonos aplicaron a las personas contra las que lucharon porque los colonos no entendieron la importancia del papel que asumieron los hombres nativos cuando se unieron a la batalla; fueron protectores, ante todo. Su objetivo siempre fue asegurar que su gente sobreviviera por cualquier medio necesario, incluida la muerte de un guerrero durante la batalla. Sin embargo, el término guerrero implica que eran básicamente un tipo de soldado. En verdad, los guerreros nativos eran negociadores, granjeros y cualquier otra cosa que se necesitara para ayudar a la gente. Eran muy respetados no solo por su valentía, sino también por su fuerza, coraje e intelecto. Esta era la mentalidad de los nativos americanos que se unieron al ejército estadounidense durante la Primera y la Segunda Guerra Mundial. Estas guerras fueron una aparente amenaza para su gente y respondieron. Aproximadamente una cuarta parte de la población de nativos americanos se ofreció como voluntario en la Primera Guerra Mundial. De los aproximadamente 350.000 nativos que quedaban en el momento en que Estados Unidos se unió a la Segunda Guerra Mundial, aproximadamente 44.000 sirvieron en el ejército. Aunque los nativos americanos deberían haber sido inmunes al reclutamiento, ya que el gobierno de los Estados Unidos había dejado en claro por más de 100 años que los nativos no eran estadounidenses, algunos aún se vieron obligados a entrar en servicio a través del reclutamiento. Sin embargo, muchos se ofrecieron. Esperando ser puestos en primera línea para luchar, pronto descubrieron que su habilidad para hablar el idioma de su gente significaba que algunos de ellos tendrían un papel completamente diferente en la guerra.

La Búsqueda de un Código Inquebrantable

Uno de los mayores problemas para ambas partes fue el robo de instrucciones militares. Dada la magnitud de la guerra, coordinar la acción militar fue extremadamente difícil, y ambas partes se espiaban constantemente para obtener la información que necesitaban para saber qué planeaba la otra parte y tenían tiempo para contrarrestarla.

Los alemanes desarrollaron el Código Enigma, que se denominó inquebrantable. Esto en realidad parecía ser cierto para la mayor parte de la guerra porque los mensajes que transmitían eran incomprensibles sin el uso de una máquina Enigma. La primera máquina se creó a principios de 1900 y se patentó en 1919. Con el paso de los años se integró en el ejército alemán, y continuaron haciendo cambios y ajustes para ocultar su información clasificada del otro lado durante las transmisiones. Tras la invasión de Polonia, los británicos obtuvieron algo de inteligencia sobre el código que los alemanes habían estado utilizando durante más de una década. Aun así, los alemanes estaban cambiando constantemente el código, y la única forma de saber lo que se decía era tener una máquina real. Los británicos finalmente tuvieron en sus manos dos de las máquinas en 1941 cuando capturaron a un arrastrero alemán. Desde esas máquinas, pudieron postular dónde se originaron las principales fuentes del código para poder seguir los mensajes. Los alemanes se percataron de que habían sido comprometidos a finales de año y agregaron actualizaciones a sus máquinas para incluir otro nivel de código. El problema era que los códigos podían descifrarse con el nivel adecuado de esfuerzo y con algo de suerte para capturar los vehículos correctos que transportaban las máquinas.

Estados Unidos notó cuánto tiempo y esfuerzo habían dedicado los británicos a descifrar el Código Enigma y se percataron de que necesitaban algo mucho más seguro para proteger sus comunicaciones militares. Algunos espías japoneses en los Estados Unidos obtenían información y la enviaban al gobierno japonés, lo que había provocado muchas bajas para los estadounidenses enviados a luchar en el otro lado del mundo. Durante la Primera Guerra Mundial, a algunos nativos americanos se les asignó la tarea de transmitir mensajes en sus lenguas nativas. Philip Johnston recordó cómo el Choctaw con el que había trabajado había transmitido con éxito los planes durante esa guerra. A pesar de ser caucásico, Johnston había sido criado en la reservación Navajo, y su sugerencia era usar el Navajo para comunicarse en su lengua nativa para contrarrestar a los espías japoneses. Después de una impresionante demostración de los navajos, los marines reclutaron a 29 miembros de la tribu. Su objetivo principal era utilizar su lengua materna para desarrollar un código que sería imposible de traducir sin conocer el idioma navajo. Dos semanas después, el código estaba listo. A partir de esto, se creó una escuela Code Talkers para capacitar a más personas, ya que para entonces la guerra se extendió por todo el mundo y 29 personas no serían suficientes. Algunos de los Code Talkers fueron reclutados (eran en parte caucásicos), otros se ofrecieron como voluntarios, y algunos mintieron sobre su edad, y el más joven tenía solo 15 años cuando se ofreció. Un total de 16 tribus nativas americanas se unieron al esfuerzo de codificación.

Diferentes Niveles de Codificación

Los militares y los Code Talkers no solo desarrollaron un código basado en los diferentes idiomas de los nativos americanos, sino que usaron diferentes niveles en función de la importancia de un mensaje. Para transmisiones menores, los nativos simplemente transmitían un mensaje en su lengua materna, sabiendo que los poderes del Eje no tenían forma de interpretar incluso los mensajes codificados.

El entrenamiento para las partes codificadas de las transmisiones fue asombrosamente sencillo para los nativos americanos también. Algunos de los Code Talkers caucásicos estaban asombrados de la rapidez con que los nativos podían aprender y ejecutar con precisión sus conocimientos. El código se basó en el idioma Navajo, ya que fueron ellos quienes inventaron el código. Sin embargo, utilizaron algo con lo que todos los nativos americanos estaban familiarizados como base para el código: los animales de América del Norte. Asignaron animales a cada una de las letras en inglés para el código. Después de esto, necesitaban encontrar formas de comunicar ideas militares y técnicas que no fueran parte de su lengua materna, como el avión y el tanque. Para esta parte, los nativos americanos confiaron en sus propios idiomas para crear los códigos, lo que significaba que el código basado en Navajo no sería traducido fácilmente por los Comanche Code Talkers, ya que traducirían el inglés que se les dio a sus lenguas nativas como parte del código Si bien existen similitudes entre el comanche y el navajo, no son el mismo idioma, al igual que el español no es el mismo que el portugués, el italiano o el francés. Si tuviera un hablante nativo de español y un hablante nativo de francés para traducir el mismo texto en inglés a sus lenguas nativas, no podrían decodificar los mensajes de los demás a menos que también conocieran el otro idioma.

Había Code Talkers posicionados en los centros de comando, pero eso también significaba que tenía que haber Code Talkers en el campo de batalla. Estaban en peligro constante como todos los demás soldados, pero al igual que sus antepasados, demostraron que podían mantener la cabeza fría y completar sus misiones mientras el mundo explotaba (a veces literalmente) a su alrededor. Los Code Talkers recibieron el mensaje que necesitaban transmitir en inglés. Se darían la vuelta y traducirían mentalmente todo a su lengua materna o al código. La velocidad a la que podían hacerlo era fascinante, pero como un nativo americano le recordó al soldado que preguntó al respecto, muchos de los idiomas de los nativos americanos no eran idiomas escritos. Todas sus historias han sido transmitidas a través de tradiciones orales durante milenios: "oímos, escuchamos, aprendemos a recordar todo. Es parte de nuestro entrenamiento", afirmó Carl Gorman del Cuerpo de Marines de los Estados Unidos, Navajo Code Talkers. La aplicación de esa comprensión profunda del lenguaje a la transmisión de código fue poco diferente a la del habla para la mayoría de los estadounidenses.

Los Code Talkers fueron enviados a diferentes regiones en función de su idioma. Los Hopi y Navajo fueron enviados al Pacífico donde su código desconcertó a los japoneses. Los comanches contrarrestaron principalmente el Código Enigma de los alemanes con su código superior inquebrantable. Los meskwakis fueron asignados para luchar en las regiones del norte de África, donde Alemania e Italia tenían un punto de apoyo tentativo. A los Code Talkers restantes se les asignaron tareas más específicas, ya que había menos de ellos y los Estados Unidos trataron de usar el valioso recurso con precaución. Los Code Talkers estuvieron presentes en muchos de los principales momentos cruciales de la guerra. Charles Chibitty, uno de los que hablaban códigos de Comanche, habló de su experiencia: "La playa de Utah en Normandía era algo más. Todos me preguntaron si volvería a pasar por eso, y yo dije que no, pero podía entrenar a los más jóvenes sobre cómo usamos nuestro idioma y dejarlos seguir adelante y hacerlo porque era un infierno". Algunos se convirtieron en prisioneros de guerra, y sufrieron junto con otros estadounidenses y prisioneros en tierras extranjeras. Muchos de ellos cuentan cómo mantuvieron la fe y rezaron para superar la prueba, tal como los otros soldados rezaron a sus dioses.

Finalmente, el trabajo de los Code Talkers salvó miles de vidas aliadas. Su capacidad para traducir rápidamente el inglés a su lengua y código, y posteriormente descifrarlo rápidamente en algunas de las situaciones más intensas, fue impresionante y no es algo que ninguno de los enemigos podría haber anticipado. Incluso si los Poderes del Eje lo hubieran anticipado, no tenían los medios para traducirlo. Estados Unidos era el único lugar donde residían estos pueblos nativos, y su número era sorprendentemente reducido.

Los navajos crearon su propio diccionario del código que desarrollaron, y el ejército de los Estados Unidos lo mantuvo en secreto hasta 1968. El diccionario ahora está disponible para leer y muestra cuán ingeniosos e inteligentes fueron los Code Talkers en una guerra que estaba lejos de sus hogares. Si alguien tenía una razón para evitar la guerra, eran los nativos americanos. Sus antepasados estaban tan lejos de Asia que era solo una leyenda sobre cómo llegaron a su hogar, y cualquier posible raíz en Europa era igual de antigua. Para ellos, su hogar era el lugar donde sus antepasados habían vivido durante miles de años. Sin embargo, todavía entraron en la incertidumbre de una guerra que no era suya para luchar.

Conclusión

Decenas de miles de años antes de que los europeos comenzaran a encontrarse con los continentes de América del Norte y del Sur, los pueblos indígenas habían desarrollado diversas culturas ricas y complejas basadas en las áreas donde residían. Los pueblos de América del Sur y Central tendían a jerarquías sociales más estructuradas. Los pueblos indígenas de América del Norte tendían a permanecer cerca de la naturaleza y muchos se mantuvieron móviles, persiguiendo la gran caza de sus respectivas tierras. También había muchas tribus que se habían establecido en áreas vastas en recursos naturales, particularmente a lo largo de ambas costas. América del Norte tiene uno de los climas más diversos del planeta, y la gente reflejó cuánto tuvo que adaptarse la humanidad para sobrevivir en los diferentes terrenos. Al norte había tierras heladas que eran hostiles, y la gente era resistente y adaptable. A lo largo de las costas, las tierras tenían todos los recursos necesarios para una fácil supervivencia. Como resultado, la gente había desarrollado un estilo de vida más lujoso y sociedades más estructuradas. Los jefes también tenían una población mucho más extensa que gestionar, ya que crearon tribus y confederaciones. Las áreas entre las cordilleras de los Apalaches y Cascade incluyen desiertos, llanuras, una gran meseta y lagos salados.

Como resultado, las personas en estas regiones se habían adaptado para sobrevivir en algunas circunstancias particulares.

Aunque había muchos idiomas, las familias de idiomas primarios estaban haciendo posible que los nativos se comunicaran de la misma manera que los europeos cerca de las fronteras de los países contiguos. Sin embargo, el lenguaje escrito era poco común en gran parte del continente de América del Norte, lo que significa que no se registraron milenios de historia y patrimonio.

Con la llegada de los europeos, todo cambió. Las historias y herencias de la gente se han perdido o sobrescrito en gran medida desde la perspectiva de los colonos y sus descendientes. Tener que analizar a las tribus ricas y complejas a través de una lente tan estrecha sería como tratar de definir la historia de Europa al invadir y conquistar personas de un continente completamente diferente. Los descendientes de los pueblos nativos han conservado su propia perspectiva, pero han sido víctimas de la política estadounidense de expulsión y genocidio, sus culturas han sido ignoradas y la propaganda difundida en gran parte por los invasores.

También se ha ignorado en gran medida el papel que desempeñó el gobierno canadiense contra los pueblos nativos en las regiones del norte. Hubo nativos americanos que intentaron huir a Canadá (algunos con éxito) desde los Estados Unidos porque sus políticas eran mucho menos crueles que las políticas de Estados Unidos. Si Estados Unidos no hubiera ganado la Guerra de la Independencia, puede analizar a Canadá para observar cómo los nativos habrían sido tratados bajo la corona. Estaban claramente en contra del genocidio, despreciando tanto a los españoles como a los estadounidenses por la forma en que trataban a los pueblos nativos. El enfoque de Gran Bretaña y Canadá fue más un desplazamiento "civilizado", que obligó a las personas a abandonar sus tierras nativas, empujándolas constantemente a zonas cada vez más reducidas. Hoy en día, los nativos de Canadá están empobrecidos y aún les resulta difícil asimilarse a pesar de que el racismo es más moderado, pero aún está muy presente. Como era mucho menos poblada que las tierras del sur de los Estados Unidos, también había muchas menos personas que desplazar. Aunque los pueblos indígenas ciertamente fueron tratados mejor (un nivel increíblemente bajo para establecer, ya que se compara con el genocidio), se esperaba que los nativos abandonaran su forma de vida. Cabe señalar que Canadá realmente ha hecho más para reconocer a los pueblos nativos y sus contribuciones, e intentan vivir con ellos, pero el racismo y el prejuicio contra los pueblos nativos ha demostrado ser un gran obstáculo para una nación reconocida por ser amable.

Quizás el mayor problema es la negativa tanto de Estados Unidos como de Canadá a reconocer las injusticias que cometieron contra los pueblos nativos. A menudo se presenta la excusa de "eso fue hace mucho tiempo", pero eso claramente no es cierto. Los eventos recientes en lugares como Standing Rock (donde se produjo una protesta de los nativos americanos contra el oleoducto Dakota Access) demuestran que ninguno de los países está dispuesto a cambiar sus políticas que han existido durante siglos; no harán lo correcto para los pueblos nativos si eso significa la diferencia en obtener ganancias. Las personas involucradas en las protestas en Standing Rock son los seguidores de Toro Sentado, Caballo Loco y muchas otras personas notables de Sioux. Al vivir de acuerdo con las reservas que les prometió el gobierno de los Estados Unidos, nuevamente están poniendo en riesgo sus recursos por un oleoducto que proporcionará poco para cualquiera fuera de algunos de los ricos. Tampoco es solo un problema con el gobierno de los Estados Unidos; la tubería XL es parte de un proyecto de una compañía canadiense. Originalmente, el curso de la tubería lo habría llevado más allá de una región poblada por personas blancas. Como resultado, la compañía canadiense cambió el camino para poner en riesgo a los pueblos nativos en caso de que haya un problema con la tubería. Este evidente desprecio por los pueblos que ambos países han perjudicado demuestra que su continua negativa a reconocer los errores del pasado significa que continuarán cometiendo injusticias contra los nativos americanos. Al igual que hubo muchos estadounidenses y canadienses contra los errores cometidos por sus gobiernos, las protestas han visto una afluencia de caucásicos dispuestos a finalmente apoyar a los nativos americanos para tratar de obligar a los gobiernos a hacer lo correcto. Este esfuerzo no reconoce los errores más notables, pero es un comienzo que si se logra finalmente podría ver los cambios necesarios para detener el tratamiento cruel contra los pueblos indígenas.

A pesar de todas las injusticias y sufrimientos, los nativos americanos han demostrado ser increíblemente adaptables y optimistas. Han ayudado a Estados Unidos y Canadá en momentos en que fácilmente podrían haberse negado a ayudar. Sin la participación de los navajos para comunicar planes militares, es muy poco probable que los Estados Unidos hayan visto los tipos de éxito que experimentaron durante la Segunda Guerra Mundial antes del uso de armas nucleares. Los descendientes de los pueblos nativos, como Will Rogers, han demostrado que pueden cambiar sus habilidades e intelecto para un mejor propósito. Si los gobiernos de Estados Unidos y Canadá realmente comenzaran a reparar los errores cometidos desde la llegada de los primeros colonos, ayudaría a prevenir tales injusticias en el futuro.

Bibliografía

10 Facts About the Bold, Brave Life of Sacagawea: Ryleigh Nucilli, 2018, Ranker, ranker.com

A History of Western Eating Utensils, From the Scandalous Fork to the Incredible Spork: Lisa Bramen, July 31, 2009, Smithsonian.com

Aboriginal History in Canada: Indigenous and Northern Affairs Canada, 2018, Government of Canada, www.aadnc-aandc.gc.ca/

An Introduction to North America's Native People: 2015, native-langauges.org

Arctic Indians: Linda Alchen, January 16, 2018, infolinks.com

Bering Strait Myth: John Teohawks, Native Circle

Biographies of Plains Indians – Crazy Horse – 1842-1877: American Indian Relief Council, 2018, nativepartnership.org

Biographies of Plains Indians – Sitting Bull – 1831 -1890: American Indian Relief Council, 2018, nativepartnership.org

Blackhawk Museum - Sitting Bull: Blackhawk Museum, 2018, blackhawkmuseum.org

Breaking Germany's Enigma Code: Andrew Lycett, February 17, 2011, BBC History, bbc.co.uk

California Cultures: Native Americans: University of California, 2005, calisphere.org

California Native Americans: Linda Alchen, January 1, 2018, Siteseen Limited

California Slaughter: The State-Sanctioned Genocide of Native Americans: Alexander Nazaryn, August 17, 2016, News Week LLC, newsweek.com

Canada's First Peoples: Goldi Productions, 2007, firstpeopleofcanada.com

Culture Areas, Tribes: American Indians' Cultural Network, 2000, american-indians.net

First Humans Entered the Americas along the Coast, Not through the Ice: Jason Daley, August 11, 2016, Smithsonian.com

Geronimo - Goyathlay ("one who yawns"): 2015, indians.org

Geronimo - The Last Apache Holdout: 2018, legendsofamerica.com

Geronimo His Own Story: George M. Welling, 2012, let.rug.nl

Great Basin Indians: Linda Alchen, January 1, 2018, Siteseen Limited

Great Plains Indians: American Indians' Cultural Network, 2000, american-indians.net

Hiawatha: Facts, information and articles about Hiawatha, a Native American Indian Chief from Wild West: 2018, historynet.com

Hiawatha: Linda Alchen, January 1, 2018, Siteseen Limited

History of the Bering Land Bridge Theory: National Park Service, March 16, 2018

Indian Resistance and Removal: Seminole Tribe of Florida, 2018, semtribe.com

Indians and the American Revolution: Wilcomb E. Washburn, 2014-2017, The JDN Group, LLC

Infinity of Nations - Arctic / Subarctic: National Museum of the American Indian, nmai.si.edu

Leif Eriksson: History Channel, 2018, A&E Television Networks

Native American Cultures: History Channel, 2018, A&E Television Networks

Native American Faces: Sacagawea: 2018, thewildwest.org

Native American Indian Facts – Great Plains American Indian Facts: native-american-indian-facts.com

Native American Indian Facts – Plateau American Indian Facts: native-american-indian-facts.com

Native Americans of the Northeast Woodlands: The-Crankshaft Publishing, what-when-how.com/

<u>Native Americans Tribes and Regions</u>: Ducksters, June 13, 2018, Technological Solutions, Inc

<u>Native Americans</u>: Native Americans: Indian Tribes of North America, Gaston County Public Library, August 13, 2016

Native Heritage Project: March 9, 2012, nativeheritageproject.com

Native Tribes and Languages of the Arctic: 2015, native-langauges.org

Native Words Native Warriors: Edwin Schupman, 2018, National Museum of the American Indian, nmai.si.edu

Northwest Coast Indians: 2018, indians.org

Northwest Coast Native Americans: Linda Alchen, January 1, 2018, Siteseen Limited

Other Migration Theories – Bering Land Bridge National Preserve: National Park Service

Plateau Indians: Linda Alchen, January 1, 2018, Siteseen Limited

Pocahontas Revealed: WGBH Educational Foundation, 2007, pbs.org

Roanoke Colony Deserted: History Channel, 2018, A&E Television Networks

Roanoke Island: North Carolina History Projects, 2018, carolinahistory.web.unc.edu/

Southeast Native Americans: Siteseen Limited, January 1, 2018, www.warpaths2peacepipes.com

Southwest Indians: 2018, indians.org

Southwest Native American: Linda Alchen, January 1, 2018, Siteseen Limited

Standing Rock Sioux Tribe: Standing Rock Sioux Tribe, 2018, standingrock.org

Subarctic People: Goldi Productions, 2007, firstpeopleofcanada.com

Tatanka-Iyotanka (aka Sitting Bull): Omeka, 2018, lib.umich.edu

The Death of the Bering Strait Theory: Alexander Ewen, August 12, 2016, Indian Country Today

The Great Basin Tribes: Objwa, March 17, 2012, nativeamericannetroots.net

The Interpreter's Wife: Gary E. Moulton, 2018, lewis-clark.org

The Lost Colony A Local Legacy: America Story, The Library of Congress, americaslibrary.gov

The Seminole Wars: Seminole Nation Museum, 2012, seminolenationmuseum.org

The True Story of Pocahontas: Jackie Mansky, March 23, 2017, Smithsonian.com

The True Story of Thanksgiving: Patrick J. Kiger, 2018, National Geographic, nationalgeographic.com

The True Story of the First Thanksgiving: Scott Craven, November 21, 2017, azcentral.com

The Truth about the Wounded Knee Massacre: Patti Jo King, December 30, 2016, Indian Country Today

<u>We Are the Land: Native American Views of Nature</u>: Booth A.L., 2003, Springer International Publishing AG

We Finally Have Clues to How the Lost Roanoke Colony Vanished: History Channel, 2018, A&E Television Networks

What happened to the "Lost Colony" of Roanoke?: History Channel, OCTOBER 02, 2012, A&E Television Networks

What Native American Language Diversity Tells Us, Highpine, Gayle, April, 24, 2016.

<u>Who Were the First Americans?</u>: National Geographic, September 3, 2003

Will Rogers Biography - Film Actor, Actor (1879-1935): Biography, April 27, 2017, A&E Television Networks, biography.com

Will Rogers Biography: Encyclopedia of World Biography, 2018, Advameg Inc., notablebiographies.com

Wind Talkers: Navajo Code Talkers in WWII: Bos Carole, November 9, 2018, awesomestories.com

Vea más libros escritos por Captivating History

www.ingramcontent.com/pod-product-compliance
Lightning Source LLC
LaVergne TN
LVHW041638060526
838200LV00040B/1624